밥풀을 ── 긁어내는 마음으로

50대 남자가 설거지를 하며 생각한 것들

스토리
인시리즈

자신만의 가치, 행복, 여행, 일과 삶 등 소소한 일상에서 열정적인 당신에게…
하루하루의 글쓰기, 마음에 저장해둔 여러분의 이야기와 함께합니다.
첫 원고부터 마지막까지, 생활출판 프로젝트 '스토리인' 시리즈

스토리
인시리즈
08

밥풀을 긁어내는 마음으로

50대 남자가 설거지를 하며 생각한 것들

초판 1쇄 발행 2021년 7월 31일

지은이. 이은용
발행. 김태영

도서출판 씽크스마트
서울특별시 마포구 토정로 222(신수동) 한국출판콘텐츠센터 401호
전화. 02-323-5609 / 070-8836-8837
팩스. 02-337-5608
메일. kty0651@hanmail.net

씽크스마트·더 큰 세상으로 통하는 길
도서출판 사이다·사람과 사람을 이어주는 다리

도서출판 사이다
사람의 가치를 밝히며 서로가 서로의 삶을 세워주는 세상을 만드는 데 필요한
사람과 사람을 이어주는 다리의 줄임말이며 씽크스마트의 임프린트입니다.

ISBN 978-89-6529-281-4 03330

50대 남자가 설거지를 하며 생각한 것들

이은용 산문집

설거지하는 남자

부엌에 가 보셨습니까. 팔 걷고. 싱크대 앞에 서 보셨나요. 설마설마했는데 여태 부엌에 들어간 남자 고추 타령을 하는 이가 있습니다. 믿기지 않네요. 지금 21세기가 맞는 겁니까.

웬걸, 티브이 프로그램 진행자가 "설거지를 하십니까?"라고 묻자 "설거지를 어떻게 해요"라고 되받아치는 남자도 있더군요. 그는 스스로를 남자다운 한국 남자로 여기는 듯했습니다. "나는 집에서 그런 이야기를 합니다. 집사람한테. 남자가 하는 일이 있고, 여자가 하는 일이 있다. 그것은 하늘이 정해 놨는데, 여자가 하는 일을 남자한테 시키면 안 된다. 그러나 집안에서 일어나는 (일의) 모든 책임은 내가 진다"고 말했죠. 거참, 참으로 이상한 '하늘'입니다.

진행자가 "집안을 책임지는데 설거지나 빨래 같은 건 안 한다는 뜻이냐"고 거듭 묻자 그는 "절대 안 해. 그, 하면 안 되지!"라고 엇서기도 했어요. 설거지와 빨래 같은 걸 하지 않는 자기 삶이 자랑삼을 만하다 여겼을까. 그는 "전기밥솥도 열 줄 모르고, 라면도 못 끓인다"고 덧붙이기도 했죠.

놀라웠습니다. 세상에 머리 딱딱한 사람이─남자가─생각보다 많은 성싶어서. 설거지를 "여자가 하는 일"로 깔보고, 그를 "집사람"으로 부르는 거. 사 오륙백 년 전 조선 시대에나 어울릴 생각을 21세기 한반도에서 꽉 붙들고 있으니 그 남자는 참으로 바뀌기 힘들고 게으른 것 같아요. 표준국어대사전이 풀어내기로는 한국에서 '집사람'이 '남에게 자기 아내를 겸손하게 이르는 말'로 쓰인다지만, 실제로는 '낮잡아 일컫는 것'이라고 나는 봅니다. 특히 여성과 남자가 할 일 따위를 나눠 이러쿵저러쿵 남자를 하늘로 두고 여성을 땅으로 봐 집 안에 묶어 두는 걸 몹쓸 짓으로 읽죠. 세상 수많은 남사가 하고픈 일 이루겠다머 이러쿵저러쿵 앞다퉈 떠들되 설거지 같은 집안일로부터는 얼굴을 돌렸습니다. 한데 그걸 대체 누가 스스로 알아서, 온 마음 다해, 웃으며 대신해 줄 수 있다는 겁니까.

내 어릴 적 머리도 딱딱했습니다. 부엌에 팔 걷고 들어가 설거지할 생각을 해 본 적 없었죠. 밥 짓기나 걸레질은 말해 무엇하겠습니까. 어머니의 일로 여겼어요. 내 할 일로 생각하거나 움직이지 않았습니다. 생각은 무슨, 사실 꿈도 못 꿨어요. 오로지 남자였기 때문에. 누군가 내게 그리하라 말하거나 그리해 달라 부탁하지도 않았죠. 힘센 옛 남자끼리 엮어 둔 세상 짜임새에 묻어 탄 채 오랫동안 별생각 없이 살았던 겁니다. <우리에겐 언어가 필요하다>를 쓴 이민경이 짚었듯, "굳이 지혜롭지 않아도 괜찮았"고 "모자라도 충분히 살 수 있었던 팔자 좋은" 남자의 삶이었어요. '나는 남자로 태어나 다행'이라 여기며 가슴속 깊이 웃었고.

짝과 내가 결혼했을 무렵 따로 묻거나 바라지도 않았는데 "와이프를 초장에 휘어잡으라"고 말한 이가 적잖았습니다. "그래야 결혼 생활이 편할 거"라나. 나를 말로 거들어 잘 깨우쳐 주겠다는 거였는데 참으로 어이없는 참견이었죠. 그들이 자기 짝을 사랑한 적은 있는지 몹시 궁금했습니다. 혹시 집에 노예를 들인다고 여기진 않았을까요.

머릿속 깊이 뿌리박힌 '나는 남자여서 낫고 좋다'는 얄팍한 마음 놓기. 그동안 해 온 거. 결코 잘한 짓 아니었습니다. 되짚어 반성할 일이에요. 나는 뒤늦게나마 깨달아 제대로 움직일 길을 찾고자 했죠. 이 책을 쓴 건 더 많은 사람과 함께하고 싶기 때문이고. 곰곰되짚어 가다듬어 본 이 길로 수많은 남자가 새롭게 접어들기를 나는 바랍니다. 딱딱한 머리 깨고. 함께 멀리 걸어 '누구에게나 고르고 판판한 세상'에 닿았으면 하는 거죠.

나는 설거지를 왜 시작했고 얼마나 오래 했는지부터 헤아려 봤습니다. 있는 그대로를 제대로 살펴야 그게 옳은지, 바꿀 건 없는지 짚을 수 있을 테니까. 잘하고 있다면 마음을 더욱 도닥일 수도 있겠고.

접시 닦을 땐 이러쿵 물컵 씻을 땐 저러쿵. 말 줄지어 죽 벌여 놓은 건 싱크대 앞에 처음 설 사람을 위한 내 마음입니다. 그대로 한번 따라 해보시라는 속삭임. 온갖 그릇 설거지하는 걸 두고도 매한가지. 말씀드린

대로 잘 해내면 짝 칭찬이 반짝이는 별빛 되어 당신에게 쏟아질 터. 사랑도 쏟아질 테니 팔 걷고 나서 보시라고 나는 당신을 자꾸 부추깁니다. 잘 해낸 뒤 뿌듯한 마음을 삶 둘레에 자랑해도 좋겠네요. 내게 자랑해도 좋겠고.

　부엌 싱크대 앞에 짝과 당신이 함께 서야 집안일 덜 수 있습니다. 짝에게 쏠렸던 집안 덤터기 노동을 끝내고 마침내 모두 없앨 길을 열어갈 수 있을 테고. 짝꿍이 함께 서야 집안일이 하찮지 않다는 걸 잘 알 수 있죠. 힘들고 괴로워 당장 때려치우고픈 마음을 씻어낼 수도 있겠고.

　짝꿍이 함께 서야 집안일 바깥일 따위로 나눠 세운 벽도 무너뜨릴 수 있습니다. 오래전 맨 처음부터 몸 움직여 일한 건 무엇이든 늘 똑같았음을 함께 느낄 테니까. 달리 까닭 있어 21세기에 "동일 노동 동일 임금"이 여러 사람 입에 오르내리나요. 가사 도우미 임금만큼에 견줘 보는 것으로부터라도 '집안일 무겁게 여겨 같이하기'를 시작해야 옳겠죠. 한데 매기 앤드루스와 재니스 로마스가 <100가지 물건으로 다시 쓰는 여성 세계사>에서 "청소와 간병, 요리 등 이른바 '핑크 직업(pink job)'은 보수가 형편없다"고 짚은 것처럼 갈 길이 멀어요. 앞으로 집안일하는 사람을 높여 대하고 더 많은 임금을 지급해야 옳습니다.

사회가 빨리 바뀌길 바라며 오랫동안 말하고 움직인 사람조차 "해일이 이는데 조개나 줍고 있다"며 여성을 깔봤죠. 그 말에 기대어 성폭력 사건으로부터 얼굴을 돌리려 했고. 노동 해방을 이루면 성 평등 문제는 곁들여 풀릴 것으로 봐온 터라 여성 성폭력 사건쯤은 뒤로 미뤄야 한다고 여겼을 겁니다. (혹시 잊혀도 그만이라고까지 생각했을까요.) 누구나 태어날 때부터 하늘이 준 자유나 평등할 권리를 가졌다지만 여성은 빼고 생각했던 것처럼.

<결혼을 묻다>를 쓴 김희진의 벗은 "결혼은 남자의 똥이 묻은 팬티를 빠는 일이고, 변기에 묻은 남의 오줌을 닦는 일이고, 나는 먹고 싶지 않은 아침 밥상을 차리는 일"이라고 말했어요. 똥 묻은 남자 팬티를 빠는 일. 아마도 요 몇 년 사이 내 뒷머리에 가장 무겁게 얹힌 말 망치인 성싶습니다. 똥과 오줌 찌꺼기 묻은 남의 팬티를 빨아 보지 않은 사람은 꿈도 못 꿀 일이죠.

사랑해 같이 산다지만 똥 묻은 팬티를 손에 들고는

여러 마음이 얽혀 왠지 슬프고 끔찍해질 수 있습니다. 그저 훌렁 벗어 내던졌을 뿐 팬티 안쪽을 아예 들여다본 적 없는 남자마저 있을 거예요. 뭔가 지린 적 없으니 자기 팬티 안에 똥이나 오줌이 묻어 있으리라는 생각은 조금치도 없겠죠. 하지만 똥과 오줌 자취는 팬티에 생각보다 쉬 남습니다. 꼭 한번 살펴보세요.

　가만 보니 집안일은 참으로 땀 흘린 티 안 나는 노동이었습니다. 설거지 더미 가뿐히 해치웠나 싶었지만 얼마 안 가 다시 쌓였고, 방바닥 좀 훔쳤나 했지만 이내 먼지 굴러다니더군요. 누가 "애썼다" 알아주거나 제대로 고마워하지도 않는 듯했고. 음. 결코 즐겁지 않았습니다. 기쁘거나 아름답지도 않았고. 보람? 글쎄, 그다지…. 땀 흘린 티가 좀 나야 누군가 고마워하든 말든 할 텐데 이건 도무지 보람 없는 성싶으니 그저 하품 치고픈 마음이 굴뚝같았죠. "애고, 나는 모르겠네. 내 할 일 아니야" 하고픈. 한데 힘들고 늘 똑같아 지겨운 집안일을 삶 내내 한 사람 등에만 떠밀어서야 되겠습니까. 하여 짝을 "사랑한다" 할 수 있나요.

　그동안 집안일을 하찮다 비웃고 얼굴 돌려 모른 척한 남자. 팬티에 삶 찌꺼기 남는 줄도 모르던 사람. 바로 당신. 그가 바르고 곧게 싱크대 앞에 떡하니 서야 합니다. 팔 걷고. 부엌에 가야 해요. 밥 짓고 달걀 깨 부치며. 걸레질도 좀 해 보고. 짝과 함께 우리 웃어 봅시다. 그 웃음이, 누구나 즐겁고 평등한 세상을 꽃피울 씨앗일 거라고 나는 믿어요.

차례

처음

허리가 아팠습니다. 짝 돕겠다며 팔 걷고 부엌 싱크대 앞에 처음 섰을 때. 1999년이었으니 오래전이죠. 짝과 결혼한 지 일 년째였고 삼사 오월쯤이었을 텐데요. 아득한 탓일까. 짝이 설거지 좀 해달라 했는데 내가 미적댄 듯싶습니다. 짝이 재촉한 바람에 마지못해 부엌으로 간 듯도 하고.

그랬다면 등 떠밀린 건데 기억은 자꾸 웃으며 스스로 나선 그림 쪽으로 기울어요. 그리 기억하고픈 것이겠죠. 그래야 내 마음이 더 편안하지 않겠습니까. 야단스럽지 않게 꾸준히 자랑할 만한 이야깃거리도 되겠고. 특히 그때엔 집안일을 '마땅히 함께한다'고 여기지 않고 내가 짝을 '돕는다'고 생각하는 데 머물 때라 남의 눈을 마음속에 두고는 했죠. 착한 남편 바라보는 남의 눈길. 칭찬 바라는 마음.

싱크대 높이가 조금 낮은 성싶었습니다. 낡은—아마도 1973년에 지은—아파트라 그랬을까. 키가 그다지 크지 않은 내가 허리를 조금 숙여야 했으니. 왈강왈강 운두 낮거나 높은 그릇 예닐곱쯤 닦았다고 허리가 뻐근하려 들더군요. 늘 하던 일이 아니라 몸에 선티가 곧바로 난 거죠.

다리를 옆으로 벌리고 무릎을 조금 구부려 봤습니다. 타 본 적 없지만 눈에 선한 말 탄 몸처럼. 허리야 펴지니 좋았지만 그게 어디 오래가나요. 허리와 무릎을 오가던 귀찮은 뻐근함이 목울대로 올라와 끙끙. 콧등에 땀 솟고 안경 미끄러지는데 그게 또 손에 거품 묻어 번거롭고.

허리뿐이었겠습니까. 온몸이 어수선했습니다. '아, 이거 녹록지 않구나.' 핑계 핑계 도라지 캐러 가듯 마음이 자꾸 달아났어요.

"싱크대 높이가 내게 안 맞는 것 같은데." "허리 아프네." "어휴." "싱크대 높이를 올렸다 내렸다 할 수 있게 만들었으면 좀 좋아." "좀 이따 하는 게 나으려나." "아이고, 힘들어."

기어이는. "우리, 밥, 밖에 나가 먹을까."

나는 사실 설거지가 귀찮은 걸―누군들 그걸 모르겠습니까마는―잘 알았습니다. 어릴 때 어머니 아버지 무릎 아래를 떠나 살았거든요. 1980년. 초등학교 육학년 때부터. 도시에 나가 공부를 좀 더 열심히 해 보자는 뜻이었죠. 손가락 꼽아 보니 열두 살. 조금 일찍(?) 어머니 아버지 보살핌 테두리 밖에서 살다 보니 홀로 먹을거리 추스르고 먹고 난 뒤 설거지할 때가 가끔 있었는데. 음. 배고픈 느낌 가라앉히고 나부죽이 늘어지면, 좋죠. 좋긴 한데 얼마 안 가 그릇에서 냄새 나고 그게 또 보기 싫지만 내처 닦는 건 성가시고.

그때그때 설거지하는 게 좋은 걸, 꼭 해야 한다는 걸 잘 알되 몸 천근 마음 만근. 설거지하는 곳은 또 어디 요즘 같았나요. 밥 지어 먹으려 얻어 든 방 하나와 그곳에 딸린 좁은 부엌 사이 키 낮은 수도꼭지 앞에 쪼그려 앉아 개수통에 담아 둔 그릇과 숟가락과 젓가락 들을 닦아야 했죠. 맑은 물 받아 둔 다른 개수통에 닦은 그릇과 숟가락과 젓가락 따위를 옮겨가며.

허리가 아팠습니다. 쪼그려 앉으나 서나 허리 뻐근하기로는 매한가지니까. 가끔 허리 펴고 숨 가득 품었다가 길게 내쉬어 가며 왈강왈강 설거지했죠, 뭐. 한겨울엔 손이 어마어마하게 시렸고. 한데 이건 좀 쑥스런 기억입니다. 어릴 적 키 낮은 수도꼭지 앞에 쪼그려 앉아 한 설거지가 그다지 잦지 않았거든요. 어머니 아버지 무릎 아래를 떠난 열두 살짜리 아이를 보살피기 위해 어머니 남자 동생이 애쓰셨죠. 일 년 육 개월쯤. 어머니 사촌 동생도 나를 홀로 두지 않으려 한동안 바통 이어 주셨습니다. 나를 늘 어여삐 여겨 주신 할머니도 잠깐. 어머니의 아버지까지.

특히 할머니는 "꼭 잘 챙겨 먹어야 한다"고 이르셨되 "둘러봐도 해 먹을 게 없고, 또 귀찮을 땐 계란 두어 개로 끓여 먹으라"며 나를 옆에 불러 두고 달걀국 만드는 걸 보여 주셨죠. 멸치 있으면 국물 좀 우려내다가 건져 내고 미리 풀어 둔 달걀을 휘 둘러 넣어 한소끔 끓인 뒤 국간장과 소금 조금 치고 먹으라고. 맨 나중에 대파도 좀 잘라 넣으면 좋을 거라 하셨죠. "일본 사람들은 파를 수북이 넣어 계란국이 아니라 대파국처럼 끓여 먹더라" 하시며. 그늘 끓여 맛본 할머니 달걀국은 내 머리와 가슴에 깊이 새긴 맛 됐습니다. 다시 마셔 보지 못한 좋은 냄새 됐고.

삼 년쯤 여러 사랑 바통이 이어졌어요. 그 뒤론 하숙을 구했으니 고등학교를 마칠 때까지 칠 년 동안 내가 한 설거지는 기껏해야 열 손가락 열 발가락에 꼽을 정도에 지나지 않았을 터. 그야말로 하품 날 새 발의 피에 지나지 않았되 설거지는 맞닥뜨릴 때마다 내게 늘 큰 짐이었습니다. 짐. 괴롭고 고되어 귀찮은 일.

핫도그 열 개

1980년 가을과 겨울 사이. 나는 학교 다녀오던 길 동네 골목 어귀에서 핫도그를 처음 봤습니다. 막대기에 꽂은 소시지 토막에 밀가루 두르고 튀김 가루 묻힌 뒤 기름에 튀긴 빵. 바삭바삭 깨물어 삼키는 족족 기뻤죠. 값싼 갈치자반처럼. 맛 참 좋았어요. 길쭉한 소시지 하나를 온전히 넣어 팔았으면 더욱 좋았겠지만 그땐 그걸 잘라 빵 두 개로 만들어 낸 게 많았죠.

군대 다녀온 뒤 대학 삼학년으로 복학한 어머니의 남자 동생은 바빴어요. 밤늦도록 학교 도서관에서 취업 준비를 했죠. 햇살 조금 남아 있던 어느 날 오후 학교에서 돌아온 나는 홀로 저녁 차려 먹고 설거지까지 할 일이 아득하기만 했습니다. 배고팠되 귀찮아 몸 늘어지다가 번쩍. 골목 어귀 핫도그가 생각났어요. 몸집 작은 아저씨가 한꺼번에 여덟 개 남짓한 핫도그를 튀겨 낼 성싶은 사각 기름통을 손수레에 올려놓고 서 있었죠. 햇볕과 비 가릴 큰 챙 펼친 채. 늘. 나는 하굣길 단골이었고.

달려가 핫도그 열 개를 샀습니다. "친구들하고 같이 먹으려고?" 하는 손수레 아저씨 물음에는 건성 대답. "예." 속마음으론 밥 구실을 하리라 여겨 '저녁을 핫도그로 대충 때운다'는 생각을 눌렀죠. 바삭바삭 씹는 족족 기쁜 데다 설거지할 일도 없으니 비단 위에 꽃을 더하는 셈이었지 뭡니까. 꿀꺽. 열 개쯤 삼키는 거야 아무것도 아닐 테지만 '여덟 개만 먹고 외삼촌 먹을 거 두 개는 남겨야지, 흐흐흐!' 하고 겨눴습니다. 한데 '아, 이거 왜 이래?' 그날 나는 기껏 핫도그 두 개 반에 무너졌어요. 더 먹지 못했죠.

게맛살. 물고기 살을 게살 냄새 나도록 만들어 파는 게 처음 나왔을 때에도 매한가지. 게맛살 한 꾸러미만으로는 끼니를 넘길 수 없었습니다. 같은 맛과 냄새에 금세 질려 꾸러미의 절반도 채 비우지 못했죠. 하나 더. '□□장사.' 삶거나 굽지 않고 그냥 먹는 소시지가 등장했을 때에도 마찬가지. 어린이 영양 간식이라며 티브이 광고까지 하니 끼니 되겠네 싶었지만 나는 그만 서너 개에 무너지고 말았습니다. 도무지 집 안에서 밥 지어 먹고 설거지하는 흐름을 깰 만한 걸 찾을 수 없었어요.

나는 꽤 오랫동안 막대에 소시지 꽂고 밀가루 둘러 튀긴 핫도그를 다시 먹지 않았습니다. 애써 찾아 먹을 까닭이 없었죠. 짝을 만나 사랑하기 시작한 스물일곱 살 뒤에야 몇 개 먹어 봤어요. 묵묵히. "김밥에서 우엉, 맛살 빼 달라고 해" 하는 짝 심부름에도 잘 따릅니다. 게맛살 때문에. 먹을거리 가려 먹지 않는 편이지만 어릴 적 게맛살에 질린 자취를 굳이 다시 돋울 마음이 없는 거죠. 삶거나 굽지 않고 그냥 먹는 소시지에 손이 다시 닿은 것도 아마 마흔 줄 넘어서였을 거예요.

핫도그와 게맛살 따위를 온전히(?) 맛본 터라 나는 '차라리 밥 먹고 설거지하는 게 낫지' 싶었습니다. 설거지가 괴롭고 고되어 귀찮아도 '끝내 해내야지 어쩌겠어' 싶었고. 초등학교 육학년, 열두 살 먹었을 때로부터.

1989년 오월 31일. 스물한 살이던 나는 군대에 갔습니다. 먹고 난 밥판 스스로 씻는 곳. 졸병이야 마땅히 그랬고 누구나 그래야 할 텐데 이른바 '고참병'은 달랐죠. 일병 위쪽과 상병 아래쪽 서넛이 소대장과 병장과 하사 들이 먹고 난 밥판 그러모아 한꺼번에 설거지하더군요. 그게 그때 한국 군대 안 젊은 병사 사이 질서. 씁쓸. 제 놈 밥판은 스스로 닦게 할 일이지 그걸 왜 그러모아 서넛이 몰아 닦는담.

소대 선임 하사였던 G 중사도 제 밥판 닦은 적 없었습니다. 졸병일 땐 몰랐는데 내가 상병이 돼 고참병 밥판 그러모아 씻을 때 보니 슬쩍 제 밥판을 설거지 더미에 올려놓고 가더군요. 장교가 아닌 부사관—하사 중사 상사 원사—들은 밥판을 스스로 닦는 게 규칙이었죠. 장교가 제 밥판 닦지 않은 채 '계급 깡패 노릇'을 하는 것도 우습긴 매한가지였지만, 아무튼 G는 아닌 척 눈치껏 제 할 일을 어린 병사에게 떠넘겼습니다. "선진 군대" 운운하며 제 밥판을 스스로 닦는지를 살피는 중대장 눈꼬리가 조금 길어졌을 때에도 G는 자기 식판에 비누 거품을 한두 차례 슥 묻히는 듯싶더니 이내 소대 상병에게 떠넘겼어요. '내 짬밥에 밥판 닦으랴' 하는 아니꼬운 마음이 몸짓에 고스란히 묻어났죠.

나는 병장 된 뒤에도 밥판 설거지를 스스로 했습니다. 그 무렵 자기 밥판 설거지 스스로 하는 '선진 군대(?) 질서'가 얼마간 자리 잡기도 했고요. 중대장이 갑작스레 나를 '하사'로 만들어 놓은 뒤에도 마찬가지. 뉘 집 생때같은 아이인 걸 서로들 잘 알면서, 몇 달 며칠 먼저 군인이 됐을 뿐인데 알량한 계급 내세워 제 밥판 설거지를 남에게 떠넘기다니. 안 될 말이었죠.

설거지 귀찮은 걸 그리 잘 알았음에도. 다른 사람에게 내 밥판 설거지를 떠맡겨선 안 될 일이란 거 잘 알고 있었는데. 나는 결혼한 뒤 꽤 오랫동안 짝에게 설거지를 떠넘긴 채 살았습니다. 귀찮아했고. 허리 아프다 투덜대 가며.

허리가 좀 뻐근하긴 했죠. 병장 된 뒤 한 달쯤 늘어졌다가 중대장에게 등 떠밀려 하사—분대장—되는 교육대에 가선 다시 이등병처럼 차렷하고 곧추서야 했거든요. 짝과 내 유전자를 절반씩 품은 벗이 봄에 심어 둔 고구마를 함께 캐느라 한동안 옹송그려야 했고. 어머니 아버지의 텃밭 속 감자를 캘 때에도 매한가지. 엄살이 늘 허리로 쏠리더군요. "어구구 허리야!"

한데 익숙해지면 그만. 몸짓 익는 거. 설거지든 감자나 고구마를 캐든. 한두 서너 차례로 넉넉히. 지그시 목청 누르고 마음 다지니 허리쯤이야 뭐, 가뿐히 견딜 일 됐습니다. 금세 쉬 다스린다기엔 좀 낯간지럽되 팔 걷어붙인 걸 뉘우친 적은 없어요. 설거지가 깨친 삶 앞문이라는 걸 느꼈으니까. 짝과 고루 판판히 나눌 삶 손잡이라는 것도 알았고.

소맷자락 걷어붙이고 부엌 싱크대 앞에 선 남자. 마땅한 모습.

눈물짓는 며늘아기

한국에선 오랫동안 "고추 떨어진다"는 둥 해 가며 남자를 부엌으로부터 동떨어지게 했죠. 남자 생식기를 고추로 은유해 그걸 '귀엽고 귀중히 여긴 마음'을 내 모르진 않습니다만. 몸 비깥으로 불거진 생식기가 없어 부엌과 빨래터로 내몰리고 손에 걸레 쥔 채 방바닥을 닦으며 기어야 했던 사람이 많았던 게 문제였습니다. 사람 몸에서 바깥으로 불거진 생식기가 있고 없고야 태어날 때 염색체가 흐른 대로죠. 글쎄, 그걸 누가 미리 정해줬던가요. 있는 게 좋겠는지 없는 게 낫겠는지 누가 미리 물어보긴 했습니까.

아니죠. 몸 바깥으로 불거진 생식기가 있는 걸 두고 좋아라 살 붙이고 기뻐라 뜻 붙여 찧고 까분 건 오로지 남자 욕심 탓이었습니다. 그리된 사회 짜임새를 오랫동안 깨뜨리지 못한 건 세상 모든 사람 탓이고.

무리가 한두 서너 시간 동안 함께 찾아 얻거나 잡아 모은 걸로 먹고살던 때엔 누군가 외따로 부엌과 빨래터에 내몰릴 일이 없었죠. 누군가 외따로 걸레 쥔 채 방바닥을 기어야 할 까닭도 없었겠고요. 농사짓다 보니 먹을거리 넉넉해지고, 쌓아 둔 것으로부터 권력 나다 보니 힘줄과 살이 단단한—단단해서 낮고 부드러워 못한 게 아님에도—남자에게 힘이 쏠렸습니다.

특히 한반도에서는 조선이 1592년부터 1599년까지 칠 년 동안 왜와 전쟁을 치르고 난 뒤 남자를 하늘로 두고 여성을 땅에 내리깐 짓을 더욱 다졌다죠. 전쟁

치르느라 활 쏘고 창칼 들 남자가 크게 줄자 '어이쿠, 머릿수가 빨리 많아져야 다른 나라에게 또 당할 때 견딜 수 있겠구나' 싶었을까요. 맏아들을 한가운데에 두고 더욱 떠받들어줬답니다. 한데 웬만했어야죠. 남자를 하늘까지 추어올리다 보니 사랑방에서 온갖 안주에다 기생첩을 옆에 끼고 노래하는 짝을 보고도 아무 말 없이 물러나 스스로 삶을 접은 사람이 있었던 것 아니겠습니까. "시집살이 삼 년 만에 진주 낭군 오실 것"이란 말 듣고 나가 본 사랑방 꼴이 그따위였으니 참으로 볼만했을 테고, 견디기 어려웠을 거예요.

예부터 말로 이어 내려온 '진주난봉가' 속 이야기가 사실로 기록되진 않았으되 여성을 아래로 두고 남자를 위로 치켜올린 꼴은 고스란하죠. 시집살이 삼 년 만에야 나타난 낭군이 사랑방에 기생첩을 데려다 끼고 놀아도 말 한마디 못한 채 못내 눈물짓고 마는 며늘아기. 서러워 목숨까지 던지는 삶. 1600년대 말 소설에서도 같은 꼴 고스란히 우러났습니다. 김만중 소설 <사씨남정기> 속 "사 씨 부인이 임 씨 대하기를 동기처럼 아끼고 임 씨 또한 사 씨 부인을 형님같이 극신히 섬겼으며, 보통 처첩 간의 투기 같은 감정은 추

호도 없었다"고 했죠. 첫 번째 짝 사 씨와 사는 채로 교 씨를 첩으로 들여 온갖 어려움 겪다가 내쫓고, 임 씨를 또 첩으로 들였는데 서로 사이가 좋았더라는 얘기. 이는 곧 '남자에게 좋았더라'는 이야기 아니겠습니까. 짝 있어도 사랑방에 기생첩 데려다 두고 노는 것처럼.

조선 후기 판소리 소설 <흥부전>에도 눈살 찌푸릴 얘기가 담겼더군요. 제비가 흥부에게 가져다 준 마지막 박 안에서 "꽃 같은 미인이 나와 흥부에게 나붓이 큰절"을 하더니 '강남국 제비왕'이 미인더러 흥부 첩이 되라 했다며 "흥부는 좋은 집에서 처첩을 거느리고 향락으로 세월을 보내게 됐다"는 겁니다. 이 또한 '남자에게 좋았더라' 아니겠습니까. 놀부는 한술 더 떴죠. 제비가 준 박을 섣불리 탔다가 곧 맞아 죽을 듯싶자 "살려 주오! 제발 덕분에 살려 주오. 돈 바치라면 돈 바치고 쌀 바치라면 쌀 바치고 계집 바치라면 바칠 것이니 남은 목숨 살려 주오!" 하고 울부짖었어요. 제 놈 살자고 짝꿍마저 바치겠다는 얘기. 조선 후기 못된 남자는 한집 사는 짝을 사람으로 여기긴 했을까요.

채만식이 1937년에 내놓은 소설 <태평천하> 속 늙

은이 윤직원 꼴은 더욱 볼만합니다. "흔헌 게 예편네 아닝가? 허니 눈 찌그러지구 코 삐틀어진 예편네라두 하나 줏어다가 날 주었으면, 자네 말대루 내가 몸시 중두 들게 허구, 심심파적두 허구 그럴 게 아닝가?"라고 말했어요. 짝을, 사람을 심심풀이 놀잇감이나 몸시 중 들 노예처럼 여긴 거죠. 윤직원은 그쯤에서 멈추지도 않았습니다. 열네댓 살 된 여성을 품으려고 이러쿵 저러쿵 수다스럽기까지 했어요. '늙으면 아이 된다'는 말을 곧이곧대로 믿어 제 놈 몸까지 아이 될 줄로 아는 성싶습니다그려.

오죽하면 "시집와 보니 좋아?"라고 물으니 "죄 많어 여자지요"라고 답했겠습니까. 최명희 소설 <혼불> 속 시집살이하는 여성 말마디에 아픔이 고스란합니다. 오죽하면 두 사람 사이에 "죄도 많고 일도 많고", "탈도 많고 시름도 많고"라는 곁장구가 절로 솟았겠습니까. '죄'라니요. 결혼해 사는 데 죄와 일과 탈과 시름을 뒤집어써야 한다면 나는 단 하루도 견디지 못할 겁니다. 사람을 위아래 하늘땅 사이로 나눈 뒤 남자만 즐거운 거. 나쁜 짓입니다. 틀림없이. 최은영 소설 <당신의 평화> 속 유진이 "할아버지는 자신의 아내를 자기 집안, 자기 어머니의 사노비 보듯 했"고, 그런 아버지 밑에서 자란 유진의 "아빠에게 본인의 어머니는 세상에서 가장 가여운 존재"였기에 "그는 자기 어머니에게 보상을 해 줄 여자를 구했"어요. 사람을 위아래 하늘땅 사이로 나눈 뒤 여성만 괴로운 거. 나쁜 짓입니다. 틀림없이.

<남자, 다시 찾은 진실>을 쓴 스티브 비덜프는 "남자나 여자나 아이 때는 별 문제가 없다. 마음이 열려 있고, 행복하기를 바라고, 삶이 모험으로 가득 차기를 기대하는 것은 모든 아이들의 특성"이라고 짚었어요. 어릴 때 똑같았던 마음이 몸과 머리 굵어진 뒤 위아래로 갈려 한쪽만 힘들다면 바로잡아야 마땅합니다. 높낮이 없이 똑같았던 마음 되찾아야겠죠.

1592년 왜란이 있기 전엔 짝 사이 높낮이가 뚜렷하지 않았던 걸 되새겨야겠어요. 특히 데릴사위. 한반도에 고구려 백제 신라가 자리 잡던 400년대로부터 조선이 들어선 1400년대 초까지 천 년 동안 이어진 짝짓기. 결혼한 남자가 여성 짝 집에 들어가 살았다죠. 그 집을 자기 살 곳으로 여긴 채 여성 짝의 어버이를 그냥 "어머니"요 "아버지"라 일컬었고.

아이가 태어나면 남자가 여성 짝과 함께 본디 살던 곳으로 돌아가고는 했다지만, 여성 쪽 집에서 더 오랫동안 산 사람도 많았다더군요. 1504년부터 1551년까지 살았던 신사임당이 결혼한 뒤에도 본디 살던 강릉에서 십구 년 동안 남자 짝 이원수와 살았던 것처럼. "장가가고 시집간다"는 말 그대로 그저 짝 집에 들어가 사는 것이었을 뿐 '한 많고 모진 시집살이'만 남게 된 건 그다지 오래된 일이 아닌 거죠. 오죽하면 김유정이 1936년에 내놓은 소설 <동백꽃>에도 데릴사위가 고스란했겠습니까.

해나 디가 <무지개 속 적색>에 전한 1600년대 캐나다 몽타녜사스카피족에겐 "성별 분업은 있었는데, 대체로 여성은 채집을 하고 남성은 사냥을" 했답니다. 그리한 "주된 이유는 임신과 수유를 사냥 같은 활동과 병행하는 것이 쉽지 않았기 때문"이었다죠. 그렇다고 해서 "이런 역할들에 서열이 매겨지거나 가치판단이 들어가지는 않았다"고 하더군요. "여성이 (어린이) 재생산에서 하는 구실은 부족 내에서 여성이 동등한 역할을 하는 데 아무런 문제가 되지 않았으며, 육아를 주로 여성의 책임으로 여기시도 않았다"는 거죠. "당신네 프랑스인들은 자기 자식만 사랑하지만 우리는 부족 아이들을 모두 사랑한다"고 말했다는 몽타녜사스카피족. 곰곰. 배워 마음에 새겨 둘 게 많은 말인 듯싶습니다.

징글징글하게

"난 진짜 요리하고는 안 맞는 사람이야. 콧물 나와, 씨. 속 터져."

2020년 삼월 31일 밤. 짝이 파를 다듬어 자르다가 한 말. 파 만지다 보면 눈 매워 눈물 나게 마련이잖아요. 물안경이나 랩 같은 걸 눈에 둘러써 보지만 신통치 않고. (무슨 말인지 알아듣기 어려우면 파를 한번 다듬어 보십시오. 금세 깨달을 겁니다.) 나는 '그러게 난데없이 웬 파김치를 다 담그겠다는 거야?'를 혀끝에 문 채 지그시 웃고만 있었죠, 뭐. 어느 날 짝이 카레 만들고 호박전 네 장 부치며 한 말도 머리에 남았습니다. "나는 요리를 하면 어지러워. 아, 정신이 없다." 내가 카레에 넣을 감자와 당근과 양파를 깍둑썰고, 전 부치는 일도 한 장 거들었음에도 "정신없다"더군요.

예, 맞습니다. 요리와 맞지 않는 사람이 있게 마련이죠. 애초 요리와 딱 맞았던 사람은 또 많았을까요. 아니, 하다 보니 잘 맞는 걸 알게 됐겠죠. 짝이 요리와 멀듯 나도 걸맞지 않은 성싶어 안타깝습니다만, 나보다 짝이 먹을거리를 만드느라 부엌에 있는 시간이 더 많았던 건 잘못된 일입니다. 짝이 요리와 잘 맞지 않았음에도 오랫동안 애쓰느라 골치까지 썩였을 테니 참으로 미안하네요. 하여 달걀말이를 한다, 감자전 부친다, 배추전도 부쳐 본다, 같이 사는 벗이 좋아하는 김칫국 국수 끓인다 해 본들 그게 어디 짝이 애써 온 시간에 댈 수 있을 만큼이겠습니까. 새 발의 피. 그나마 "아하하, 내가 파김치를 담가 먹다니!"라는 짝과 마주 웃을 수 있어 좋습니다.

"엄마가 빈 둥지야? 여자를 사람 취급 안 하는구만. 징글징글하게."

2020년 칠월 1일 밤. 티브이 보던 짝이 갑작스레 한 말. 엄마는 늘 따뜻해 괴로움 덜어주고 슬픔 달래주는 보금자리 같다는 이야기가 화면에 흐르자 짝 마음이 비틀린 서렸죠. 남지 짝 어인 여성을 두고 '아직 따라

죽지 못한 사람'이라 일컫는 "미망인(未亡人)"이 티브이에 흘렀을 때처럼. "열 받는다" 했어요.

예, 맞습니다. 끊임없는 집안일로 괴롭고 힘들어 이미 지친 어머니. 그에게 언제든 가서 쉴 수 있게 빈 둥지처럼 거기 늘 있어 달라 보채는 건 억지 춘향이요 폭력 아니겠습니까. 한국 사회는 "징글징글하게"도 참으로 오랫동안 여성에게만 집안일 짐 지웠어요. 덤터기로 듬뿍.

한국은 이제서야, 무려 21세기에야 겨우 부엌과 빨래터로 내몰거나 걸레 쥐고 방바닥 닦을 사람을 외따로 갈라놓을 까닭이 없는 걸 느끼기 시작한 성싶습니다. 한데 느낀 자리에서 제자리걸음을 치거나 느꼈으되 일부러 모르는 척하는 남자가 널린 게 문제. 세상이 바뀔 낌새가 아직 흐릿한 거죠.

삶이, 또 세상이 어찌 나 홀로일 수 있겠습니까. 죽는 날까지 누구나와 더불어 살아야 할 텐데. 부엌 도마와 싱크대 앞에 내가 먼저 서 보는 건 어떨까요. 몸 바깥으로 불거진 생식기 덕에 내 삶은 그나마 낫다 싶어 슬쩍 웃지 마시고.

특히 설거지는 '사람에게 고르고 치우침 없어 한결

같은 세상을 향해 한국 남자가 집에서 스스로 내디뎌야 할 첫걸음'이라고 나는 여깁니다. 오래전부터. 아직이라면 지금 당장. 처음이라면 앞으로 죽.

시간

2019년 사월 21일. 일요일이었습니다. 한집 사는 짝과 벗과 내가 아점으로 즐길 청국장 사러 집에서 800미터쯤 떨어진 음식점까지 걸어갔다 와서는 먹고 설거지 마치니 120분. 이른 저녁으로 김치말이 국수 먹고 설거지하니 30분. 짝 심부름으로 집 앞 슈퍼마켓에서 이것저것 조금씩 맞춰 사고 정육점 들러 돼지 목살 500그램쯤 손에 쥔 채 후다닥 돌아오니 10분. 모두 160분. 청국장 먹으며 웃고 즐긴 60분쯤을 빼면 100분. 김치말이 국수 즐긴 20분쯤 더 빼면 80분.

그날 나는 80분쯤 집안일에 힘 보탠 성싶습니다. 청국장집에 다녀오느라 40분쯤 걸린 걸 집안일이랄 수 있을지 모르겠네 싶어 빼면 40분이요, 아무튼 더해두 겠다 하면 80분이었죠.

2020년 십일월 29일. 일요일이었습니다. 같은 청국 장 집에서 두부김치를 사다가 저녁거리로 삼았고, 설 거지에만 10분. 마늘 까느라 45분. 아점은 제대로 짚 지 않고 내내 자다 깨다 읽다 생각하다 뒹굴다 한 듯 싶네요.

후유. 다행이지 싶어 한숨 늘어집니다. 그나마 한 국 남자가 하루에 집안일로 몸 움직이는 시간 평균치 라는 40분을 넘어섰기 때문. 한국 사람들이 이것저것 견줘 보기 좋아하는 경제협력개발기구(OECD) 회원 국 가운데 40분은 거의 꼴찌에 가깝습니다. 한데 한 국 여성은… 3시간 14분. 194분입니다. 백구십사 나누 기 사십은 얼맙니까. 4.85죠. 네댓 배로군요.

이쯤에서 짚어야 할 건 40분과 194분이 대여섯 해 전인 2014년과 2015년 사이 한국 맞벌이 쌍 집안일 시 간이라는 점. 집안일에 눈길조차 주지 않는 한국 남자 가 적잖은 걸 헤아리면 남한에 사는 여성 가운데 맞벌 이임에도 하루 234분씩—194분에 남자가 할 만한 몫 40분씩 더—집안일올 도맡는 이도 있다는 얘기겠네요. 234분. 이백삼십사 나누기 육십은 얼맙니까. 3.9죠. 네 시간쯤이로군요. 정확히는 3시간 54분. 오후 여섯 시에 칼퇴근해 일곱 시나 여덟 시쯤 집에 닿은 뒤 열한 시나 열두 시까지 몸을 더 움직여야 한다는 얘기죠.

야마우치 마리코는 <설거지 누가 할래>에서 "'일과 가정의 양립'이라는 틀에 박힌 말은 마치 여자의 사회적 성공을 응원하는 듯하지만, 여자에게 슈퍼우먼의 책임감을 지울 뿐"이었는데 "이 불편한 진실을 이해할 수 있었던 것은 집안일은 여자의 역할이라며 떠맡기 시작하면서부터였다"고 말했습니다. 날마다 바깥일 여덟 시간에 집안일 네 시간쯤을 더해야 한다면 슈퍼맨 같은 사람이 아니고서야 어디 배겨 나겠습니까. 몸은 말할 것도 없고 마음마저 무너지고 말겠습니다.

<내 날개옷은 어디 갔지?>를 쓴 안미선은 "결혼하고 가장 힘든 때는 내가 그림자 같다고 여겨질 때였다"는군요. "주말, 식구들이 텔레비전을 보는 옆에서 집안일을 하며 혼자 바쁘게 움직이다가, 내가 일을 하는지 마는지, 내가 있는지 없는지, 식구들에게 보이지 않는다고 느낄 때가 그랬다"는 겁니다. "만날 수 있는 사람은 가족뿐이고 가족이 나에게 무관심할 때 나는

세상에 없는 사람 같았다"고 썼죠. 그림자 같은. 세상에 없는 사람 같았다지 않습니까. 우리는, 특히 한국 남자는 매우 오랫동안 아무런 생각이나 마음 없이 집 밖만 바라보며 살았던 것 같습니다. 어쩜 그리 무심했을까요. 집안에도 사람 있었는데.

2020년 구월 2일 통계청과 여성가족부가 내놓은 '2019 통계로 보는 여성의 삶'을 보니 맞벌이 쌍 여성의 집안일 하루 평균치가 3시간 7분이었습니다. 187분. 앞서 짚은 194분보다 7분 줄었군요. 남자는 54분. 14분 늘었고. 백팔십칠 나누기 오십사는 얼맙니까. 3.46이죠. 세 배를 넘는군요. 맞벌이 쌍임에도 2019년 여성과 남자 사이 집안일 시간 차는 2시간 13분. 여성이 133분이나 많았어요.

남자 짝 외벌이 쌍일 때엔 여성의 집안일 하루 평균치가 5시간 41분으로 훌쩍 늘었습니다. 무려 341분. 남자의 집안일 하루 평균치는 53분으로 맞벌이 쌍 시간—54분—과 비슷했고요. 외벌이든 맞벌이든 남자가 움직인 시간은 오십보백보. 한데 여성 짝이 외벌이하는 쌍임에도 남자의 집안일 하루 평균치는 1시간 59분에 지나지 않았습니다. 119분. 여성은 집 밖에서 땀 흘리고 퇴근한 뒤에도 집안일로 하루 평균 2시간 36분씩 움직여야 했어요. 156분. 집에 있던 남자보다 바깥일 하고 돌아온 여성이 되레 37분이나 더 움직인 거였죠.

서울로 눈길을 좁혀 볼까요. 2021년 일월 19일 서울시가 내놓은 '2020 성인지 통계—서울 시민의 일·생활 균형 실태'를 보니 서울 사는 열다섯 살 이상 여성은 하루 2시간 26분씩 집안일을 한 것으로 나타났습니다. 146분. 남자는 41분에 지나지 않았죠. 백사십육 나누기 사십일은 얼맙니까. 3.56이죠. 어긋남 없이 세 배를 넘는군요. 맞벌이 짝도 여성이 2시간 11분으로 121분이나 됐고, 남자는 38분에 지나지 않았습니다. 여성이 3.18배나 더 움직인 거죠.

새로운 사회를 여는 연구원은 <분노의 숫자>에서 "한국 맞벌이 가구는 꾸준히 증가해서 500만 가구에 달한다. 그럼에도 가사 노동이나 돌봄 노동을 비롯한 무급 노동은 여전히 여성들의 몫으로 남아 있다"고 짚었어요. 아, 이건 안 될 말입니다. 참으로 모진 덤터기죠. 한쪽만 꾸준히 더 힘들어서야 어찌 한집에 사는 짝꿍이랄 수 있겠습니까. 남자가 소매 걷어붙이고 부얼 싱크대 앞에 서야 할 까닭이 가득 차고 넘칩니다. 짝을 돕는다기보다 꼭 나눠 함께할 일로 여기고서. <잠깐 애덤 스미스 씨, 저녁은 누가 차려 줬어요?>를 쓴 카트리네 마르살은 "여성들은 노동 시장에 진입했지만 남성은 그에 상응하는 정도로 집안일에 진입하지 않았다"고 봤어요. 가슴 꿰뚫는 말이죠. 남자는 여태 집안일을 제대로 품지 않았습니다.

40분쯤

2019년 팔월 25일. 일요일이었습니다. 한집 사는 셋이 아점으로 라면과 떡볶이를 먹고 밤새 쓴 물컵 들까지 설거지하니 45분.

닦을 게 많았던 거죠. 설거지 한번에 40분쯤을 넘기는 건 흔하더군요. 40분. 2014년과 2015년 사이 한국 맞벌이 쌍 남자가 집안일로 움직인 시간 평균치. 나는 내내 서 있었지만 다리는 말할 것도 없고 허리도 뻐근하지 않았습니다. 몸이 어느새 설거지에 익은 거예요.

40분쯤 서 있는 거. 손 놀려 왈강왈강 설거지하는 거. 그나시 어렵지 않았습니다. 한국 남자, 40분쯤 서 있던 적 많지 않습니까. 오륙십 대는 군대에서 두 시간씩 보초 선 적 있을 테고. 삼사십 대는 야구장에서 서너 시간씩 내내 서서 응원한 적 있을 테죠. 이십 대 체력이야 뭐, 밤새 제자리 뛰기를 하기에도 넉넉할 터. 한데 40분쯤에 거리낄 게 있나요. 짝이나 어머니를 돕는다 생각하지 마시고 함께할 일이자 내 할 일이라 여겨 보시죠. 금세 몸 가벼워지고 마음 뿌듯한 걸 느낄 수 있을 겁니다.

2019년 구월 휴일을 짚어 볼까요. 1일 일요일 아점 뒷설거지 15분과 저녁 설거지 14분. 더하면 29분. 12일 추석 연휴 첫날 아침 설거지 23분. 13일 추석 아침 설거지 40분과 점심 설거지 13분. 더하면 53분. 명절을 쇠지 않은 짝과 벗과 나인데도 설거지할 게 많더군요. 14일 토요일 아침과 저녁 설거지로 17분. 15일 일요일 아점·저녁 설거지 45분과 무채 썬 32분. 더하면 77분. 21일 토요일 아침·군것질·저녁 설거지 43분. 22일 일요일 설거지 27분과 걸레질 30분. 더하면 57분. 28일 토요일 아침 설거지 11분. 29일 일요일 걸레질 37분.

일하지 않고 쉬는 날엔 설거지 한두 번처럼 웬만큼 몸을 움직여도 40분을 너끈히 넘길 수 있었습니다. 2020년 삼월 15일 일요일 점심과 저녁 설거지만으로 40분이었던 것처럼. 이레 뒤인 같은 달 22일 아침·점심·저녁 설거지만으로 55분이었던 것처럼. 다 먹지 못하고 남겨 뒀던 김밥에 달걀 입혀 굽느라 들인 10분과 재활용 쓰레기통 두 개를 닦는 데 쓴 20분은 덤. 같은 해 사월 19일 일요일 삼겹살 300그램 구워 먹은 저녁 설거지만으로 45분이었던 것처럼. 재활용 쓰레기 나눠 내보내느라 들인 30분은 덤. 삼 개월쯤 뒤인 구월 12일 토요일 곧 썩을 성싶은 감자 댓 개를 채썰고 물 조금과 소금 간한 부침가루에 섞어 네 장 부쳐 내니 50분이었던 것처럼. 설거지 25분은 덤. 뿌듯했죠. 감자전은 처음 해 본 터라. (입 짧은 편인 벗이 아무 말 없이 먹었으니 아주 엉망인 건 아니었을 겁니다. 아마.)

월요일부터 금요일까지 보통 날엔 어디 그렇나요. 2019년 구월, 일터 저녁 약속을 한 차례만 잡고는 부지런히(?) 싱크대 앞에 서 봤는데 보통 13분에서 15분에 지나지 않았습니다. 길어야 구월 26일 19분, 가장 길게는 구월 11일 25분. 설거지만으로 하루 40분을 넘기기 어렵더군요. 하니 나는 지금 "쉬는 날 열심히 설거지하는 것으로 넉넉하겠다"고 말하는 걸까요. 아니, "어느 날이든 몸 스스로 일으켜 움직이는 게 좋겠다" 고 말하는 겁니다.

보통 날에도 시간이 생각보다 쉬 찰 때가 있고, 채울 방법도 많더군요. 2020년 삼월 17일 화요일이었지 만 저녁 설거지에 35분을 썼습니다. 그날 밤 걸레질 25분을 더했고 마늘 까는 데 55분이 걸렸죠. 씩씩한 내 짝은 진득이 앉아 마늘 까는 걸 많이 힘들어하거든 요. 모두 더하면 115분 아닙니까. 1시간 55분.

설거지만으로 몸 움직인 게 좀 모자란 듯싶으면 걸 레나 마늘 같은 걸 손에 쥐면 너끈했습니다. 2019년 시월 16일 밤 설거지에 15분을 쓴 뒤 음식물 찌꺼기 내 보내고 화장실 청소하느라 30분을 더 들인 것처럼. 2020년 삼월 11일 수요일 저녁 설거지 35분에 앞서 달 걀부침 하느라 18분을 쓴 것처럼. 같은 해 사월 16일 목요일 저녁 닭튀김 해 먹은 설거지에만 40분을 들인 것처럼. 집에서 거의 처음 해 본 거라 기름 묻은 설거 짓거리가 많았거든요. 칠 개월쯤 뒤인 십일월 6일 금 요일 밤 마늘 까는 데 60분을 쓴 뒤 재활용 쓰레기 나 눠 내보내느라 10분을 더 들인 것처럼.

<남편은 내가 집에서 논다고 말했다>를 쓴 최윤아는 "시대가 바뀌었다며 누군가는 전업주부라는 단어에서 '여유'를 떠올리겠지만 내가 살아 본 시간은 여전히 '희생'에 더 가까웠다"고 알렸죠. 짝을 위해 품삯 없이 바치거나 버린 시간. 또는 빼앗긴 시간. 하여 "하루 이틀 사이로 영원히 초기화되는 가사 노동은 자꾸만 '의미'를 묻게 했다"고 덧붙였습니다. 뜻 없어 덧없는 시간은 되풀이할수록 사람 몸과 마음을 가라앉히게 마련. 밑바닥까지.

남자 몸과 마음이 닿는 만큼

헛되고 허전한 틈. 설거지할 게 많아 시간이 좀 늘어진다 싶으면 짝이 옆에 서더군요. 내가 도와달라 하지 않았음에도. 그때로부턴 왈강왈강 닦아 건네고 받는 그릇과 접시와 물컵 등속에서 흐뭇한 마음 냄새가 났습니다. 함께하는. 서로 일으키는. 때론 이것저것 투덜대기도 했고.

투덜거린 것으로 다 풀지 못해 가끔 말다툼으로 번지기도 했지만, 짝과 나는 아무 말도 하지 않고 옹송

그랬다가 갑작스레 크게 터지는 사이가 되진 않았습니다. 보통은 싱크대 앞에 나란히 선 채로 풀어냈죠. "옆집 아저씨 아줌마에게 말하듯이" 고분고분히 말하라는 핀잔 들어가며. 종종, 아니 가끔가끔 내 말이 거칠어 짝 마음을 건드리고는 했기에. 숨이요 틈이자 사이이고 흐름인 시간을 싱크대 앞에서 짝과 함께 품은 셈입니다. (내 생각과 느낌이 그러한데 짝도 매한가지인지는 나중에 따로 물어 봐야겠네요. 조용히. 하하!)

싱크대 앞 시간을 모르는 남자는 짝 생각하는 마음이 없는 사람일 개연성이 큰 것으로 나는 느껴요. 무심(無心)하다는 거죠. 아는 게 없는 듯도 하고. 하여 좀 우악스럽거나. 집안일에 남자 몸과 마음이 닿는 만큼이 한 집과 사회의 불평등량이자 평등 지표라고 나는 봅니다.

소설 <언니의 폐경>을 쓴 김훈을 보세요. 무심히 아는 것 없이 함부로 쓰거나 말하면 곤란하다는 걸 잘 내보였죠. 월경하는 오십 대 언니가 "뜨거워. 몸속에서 밀려 나와"라고 말했다는 둥 동생이 언니의 팬티를 손톱깎이에 달린 작은 칼로 잘랐다는 둥 패드로 언니 허벅지에 묻은 피를 닦아냈다는 둥. 오랫동안 기자였다는 소설가가 취재나 확인 없이 아무렇게나. "여자를 생명체로 묘사하는 것을 할 수는 있지만, 역할과 기능을 가진 인격체로 묘사하는 데 서투르다"는 걸 스스로 알았음에도.

나는 그가 집에서 설거지나 걸레질을 해 본 적 있는지 몹시 궁금합니다. 특히 2000년 구월 27일 <한겨레 21>과 한 인터뷰에서 페미니즘을 두고 "우리 딸? 그런 못된 사조에 물들지 않았어요"라고 말했다는 걸 안 뒤로는 더욱더. 김훈은 그날 "여자들한테는 가부장적인 것이 가장 편안한 거야. 여자를 사랑하고 편하게 해주고. (웃음) 어려운 일이 벌어지면 남자가 다 책임지고. 그게 가부장의 자존심이거든"이라고 말했죠. 웃으며. "난 남녀가 평등하다고 생각 안 해. 남성이 절대적으로 우월하고, 압도적으로 유능하다고 보는 거지. 그래서 여자를 위하고 보호하고 예뻐하고 그러지"라고 덧붙였고. 이런 사람이 팔 걷고 싱크대 앞에서 봤을까요.

그는 싱크대 앞 시간을 모르는—몰라도 된다고 생각하는—참으로 남자다운 한국 남자인 듯합니다. 자기 옛말이 그릇됐다고 똑 부러지게 말한 적도 없으니 여태 같은 생각일 성싶고. 뚝심 참 대단하죠.

　나는, 말 한마디 글 몇 줄로 한국 사회에 큰 힘 끼치는 그를 우러를 까닭이 없는 걸 이제 잘 압니다. 그의 글을 보고 배울 까닭도 없겠고.

젖병

"엄마, 엄마! 종소리 들었어요?"

"종소리?"

"응. 경복궁에서 종을 쳤는데에, 그 소리가아 (글쎄 그동안 하늘에서 들렸던) 천둥소리였어요!"

2006년 구월 11일. 한집 사는 벗이 내 짝과 주고받은 말입니다. 벗은 그때 여섯 살이었죠. 유치원 가을 소풍을 다녀와서는 그날 들었던 경복궁 종소리가 어마어마했음을 알린 거예요. 엄마에게 가장 먼저. 집에 들어서자마자. 오 년 팔 개월쯤 살다 그리 큰 소리는 처음 들었던 터라 경복궁에서 18킬로미터나 떨어져 있던 엄마 귓전에도 종소리가 닿았을 걸로 알고.

귀엽죠. 눈에 넣어도 아프지 않을 것 같았습니다.

"엄마, 그런데에… 아까는 해가 (손가락으로 머리 위 85도쯤을 가리키며) 여기에 있었는데, 지금은 왜 (뉘엿뉘엿 땅 아래로 내려가려는 해를 가리키며) 저기에 있어요?"

"응. 그건… 지구가 도니까 해가 움직이는 것처럼 보이는 거야."

"지구는 이렇게 (발로 땅을 통통 구르며) 가만히 있는데? 해가 움직였잖아아. (머리 위) 여기에서 (해넘이 부근) 저기로오!"

"으음……."

2007년 시월 12일. 벗이 일곱 살 됐을 때였죠. "아하하하, 글쎄, 이 녀석이 발로 땅을 통통 구르면서 '지구가 이렇게 가만히 있는데?' 이러는 거야"라는 짝 웃음과 말에 나는 거의 뒤로 넘어갈 듯 자지러졌습니다. 사랑스러워서.

짝과 내 유전자를 절반씩 품고 세상에 나온 벗. 비슷한 사람 유전자끼리 서로 알아보고 마주 당기는 더듬이 같은 게 따로 있을 리 없겠습니다만 내 눈에선 꿀 떨어지듯 벗에게 마음 건너가는 느낌이 났죠.

덕분에 설거지 품는 내 마음과 움직임도 성큼 올라섰습니다. 젖병. 젖먹이였던 벗에게 줄 우유를 담아두던 병. 2001년 일월부터 한두 해 젖병 쓴 벗. 눈에서 꿀 뚝뚝 떨어지듯 한 게 더욱 뚜렷했던 때라 나는 선뜻 설거짓거리 된 젖병 더미 앞에 나서고는 했어요. 사랑했되 벗이 배고파 밤새 우는 소리를 제대로 듣지 못하고 내내 잘 잔 나는 "젖병 좀 닦아줘" 하는 짝 말을 허투루 들을 수 없었죠.

젖병 닦는 건 녹록지 않았습니다. 벗 입에 곧바로 닿고 목 뒤로 물이나 우유 넘어가는 터라 무엇 하나 허투루 할 수 없었죠. 혹시나 잘못 닦지나 않을까 싶어 마음이 무거웠어요. 짝이 시키는 대로 하는 게 바른길이었습니다.

먼저 병 안에 물 넣어 가볍게 흔들어 씻고 싱크대에 내려놓죠. 한끝에 솔, 다른 쪽 끝엔 스펀지를 단 막대를 손에 쥡니다. 젖병 바닥에 가라앉은 가루우유 앙금이 있다면 솔로 뗀 뒤 막대 반대쪽 스펀지에 세제 묻혀 안쪽을 휘휘 돌려 닦아요. 솔 쥔 손에 힘을 지나치게 주면 젖병 안쪽에 흠집이 나니 부드럽게. 천천히.

우유와 물 100밀리리터나 150밀리리터쯤을 담아 쓰

는 작은 젖병은 보통 스펀지 수세미를 손가락 끝에 두고 쑥 밀어 넣어 돌려 닦는 것으로 넉넉하죠. 250밀리리터를 넘겨 한 끼로 쓰는 병엔 솔과 스펀지 달린 막대를 꼭 써야 하고. 손가락이 젖병 바닥에 닿지 않으니까.

젖병과 고무 젖꼭지를 잇는 언저리엔 굴곡이 있죠. 스펀지 수세미가 고루 닿게 해야 합니다. 나는 이때 좀 더 천천히 수세미를 움직여요. 잘 닦였으면 하는 마음으로. 고무 젖꼭지 안팎 굴곡에 닿는 마음도 꼼꼼하게. 벗이 예사로 물고 빨고 씹는 곳이니까.

마음은 젖병과 고무 젖꼭지를 헹굴 때 가장 무겁게 쓰여야 합니다. 병 안에 물 넣고 고무 젖꼭지를 닫은 뒤 한두 번 찰랑거리게 흔드는 것만으로는 태부족. 네댓 차례 물 바꿔 가며 새로운 물을 넣을 때마다 예닐곱 번씩 흔들어주죠. 그것으로 병 안쪽 헹굼이 다 끝난 건 아닙니다. 고무 젖꼭지를 열어 병과 나눈 뒤 싱크대 수도 물줄기를 소나기처럼 쏴 젖병 안팎을 여러 번 씻어요. 병 생김새를 따라가며 물이 고루 닿게 하죠. 꼼꼼히. 고무 젖꼭지도 마찬가지. 생김새를 따라 안팎에 예닐곱 번씩 물줄기를 쏩니다.

끝났을까요. 아니, 닦은 젖병을 물에 삶아야 합니다. 삶아 균을 떨어내는 게 젖병 설거지 마무리인 터라 짝이 맡아 했죠. 잘 말렸고.

나는 일이 년쯤 젖병 닦으며—온전히 도맡은 건 아니었고 조금 거들며—벗 사랑하는 마음이 더욱 단단해졌되 오로지 그만 바라보진 않습니다. 그 누구든 벗 털끝 하나 건드리지 못하게 애면글면하지도 않고. 짝도 매한가지. 두 사람을 향한 사랑 깊되 세상과 더불어 보려 애쓰죠. 마땅히. 집 문 꽁꽁 닫아 건 채 내 벗과 짝만, 우리 가족만 즐거울 수 있나요. 그런 세상은 없습니다. 문밖과 더불어 웃죠. 가끔 울기도 하되 함께 이겨내며.

병 같은 남성성

<미녀, 야수에 맞서다>를 쓴 엘렌 스노틀랜드는 "병적인 수준의 남성성을 지닌 이들에게는 몇몇 특성이 있다. 그중 여성들에게 가장 위협적인 것은 여성이 자신의 소유물이라고 진지하고도 확고하게 믿는다는 점"이라고 짚었습니다. 병 같은 남성성을 지닌 이들

에 대해서 그는 "자신의 여자가 반항하지 않도록, 집 안에 얌전히 있도록, 여자를 훈육하고 때리고 묶고 가두는 등 필요한 모든 조치를 할 책임이 있다고 생각한다. 여성을 살해하는 것 또한 불가능한 일이 아니"라고 덧붙이기도 했죠. 거참, 참으로 이상하게 비틀린 특성이자 책임이네요. 리베카 솔닛도 <남자들은 자꾸 나를 가르치려 든다>에서 "9초마다 한 번씩 여자가 구타당한다. 확실히 짚어 두는데, 9분이 아니라 9초다. 배우자의 폭행은 미국 여성의 부상 원인 중 첫 번째"라고 적었습니다. 9초에 한 번. 사람을 물건처럼 여겨 함부로 때린 거죠.

한국도 마찬가지. <인생극장>을 쓴 노명우의 "아버지는 어머니에게 구혼할 때에만 해도 꽃다발을 가져다줄 정도로 로맨틱한 면이 있었"지만 "결혼 이후 꽃다발을 든 그 남자는 어디론가 사라져 버렸"어요. 그의 "아버지는 (한국전쟁과 전쟁 뒤로 이어진 지옥 같은) '벌레의 시간'에서 느끼는 불만을 타인에 대한 공격으로 표출"했고 "그 공격의 대상은 물론 어머니"였다죠. "꽃을 들었던 남자는 윽박지르는 남자로 바뀌었다. 그 앞에서 어머니는 '묵묵무언(默默無言)' 외에는 선택의 여지가 없었다"고 덧붙였습니다. 말할 것도 없이 공격 대상은 "어머니였다"니. 가슴 쓰라립니다. 홍승희는 <붉은 선>에서 "아침부터 잠들기 전까지, 아니 잠든 후에도 아빠의 욕설과 발소리, 문을 쾅쾅 닫는 소리가 지배하던 집은 내게 또 하나의 감옥이었다"고 알렸어요. "밤이면 아빠가 내뿜는 담배 연기를 피하고자 이불을 뒤집어쓰고 자야 했다"죠. 아빠에게 욕하지 말라고 정중하게 말해도 "집기가 날아오거나 욕설이 더 심해졌다"니 놀라 벌어진 입을 쉬 다물지 못하겠습니다. 홍승희의 엄마는 "자신에게 언어폭력을 휘두르는 아빠의 블라우스를 다리고, 아침밥을 차리고, 뒤집힌 양말을 빨아 줬"으며 "집에서도 청바지를 입고 생활했는데, 아빠가 옷을 벗기지 못하게 하려고 그랬다"는군요. "피임 없는 섹스로 임신이 될까 봐 걱정"했고 "혼자 임신중절수술을 하러 또다시 병원에 가는 게 두려웠"기 때문이었답니다. 가끔 화난 홍승희의 엄마는 설거지를 하면서 결국 낮은 목소리로 혼잣말을 했다죠. "내가 이 집 노예도 아니고 정말."

　　<우리의 의지에 반하여>를 쓴 수전 브라운밀러는

"히브리 사회질서 아래에서도 처녀들은 결혼을 통해 은 50조각에 매매됐다"고 짚었어요. "좀 더 노골적으로 말하자면 가부장이 예비 신랑 내지 신랑 가족에게 파는 것은 딸의 파열되지 않은 처녀막에 대한 권리였고, 그 처녀막은 그가 완전히 소유하고 통제하는 재산 중 하나"였으며 "처녀막에 가격표가 붙은 이스라엘의 딸은 깨끗한 상품임을 확실히 하기 위해 감시하에 살았"다고 덧붙였죠. 히브리 사람이 양 치며 이리저리 떠돌던 게 기원전 14세기로 알려졌으니 2020년을 더하면, 3420년 전쯤부터 여성을 상품처럼 사고팔았다는 얘기 아닙니까.

한집에 사는 벗과 짝 사랑하되 두 사람을 가질 순 없습니다. 그 누구든. 사람을 어찌 물건처럼 다룰 수 있습니까. 당신도 벗과 짝을 함부로 대하지 말기 바랍니다. 제발. 삶 버거워 스스로 세상을 떠나리라 마음먹었는데 왜 벗—딸 또는 아들—숨까지 가져가려는 겁니까. 짝도 매한가지. 당신 없는 세상에서 당신 벗과 짝이 모진 고생을 할 듯싶던가요. 아니, 당신이 없어도 당신 벗과 짝은 세상에서 웃을 수 있어야 합니다. 당신 마음대로 저밀 목숨이 아니죠. 결코. 당신이 벗과 짝을 마음대로 다스릴 수 있는 것도 아니에요. 한국 사회가 여러 시민과 더불어 좀 더 즐거운 세상이 될 수 있게, 당신 벗과 짝도 함께 즐겁도록, 갑자기 떠나지 마십시오. 꼭. 당신이 세상에 함께 있어야 해요. 더욱 땀 흘려 일해 세금 많이 내주시면 고맙겠습니다. 복지 챙기고 민주(民主) 살찌우는 곳에 기부도 좀 하시고.

삶이 어둡고 슬퍼 앞날마저 안 보이자 벗과 짝을 해한 뒤 스스로 목숨을 끊는 사람 이야기가 잦습니다. 제발. 사람을 물건처럼 여기지 마세요. 결코. 목숨 빼앗지 마십시오. 꼭. 당신도 함께 살아 있길 나는 바랍니다.

G 중사

가부장(家父長). 집안 가족에게 거리낌 없이 힘을 휘두르는 아버지. 그 남자 때문입니다. 그는 집안에서 자신과 견주거나 맞설 사람이 없는 걸로 알죠. 큰 문제예요. 특히 생각 없이 고집과 자존심만 센 남자가 가장 나쁩니다. 그는 오로지 주먹질과 발길질 따위로 자존심을 지키려 들죠. 사회 망종(亡種)이자 가족에 겐 암(癌)이에요. 봉건 시대와 조선 시대에나 어울릴 가족 짜임새. 진즉 버렸어야 했습니다. 존중. 사람을 높이어 귀중히 대하는 거. 평등. 차별 없이 고르고 판 판한 거. 한집 사는 사람 사이에 존중과 평등이 자리 잡아야 옳죠.

집안에서 존중과 평등을 짓밟고, 제 하고픈 대로 힘 휘젓는 가부장이 아직 남아 있다면 하루빨리 가족 관 계를 깨야 합니다. 말할 것도 없이 쉽진 않겠죠. 하지 만 꼭 깨야 해요. 우리가 함께 깨지 못했기에 <눈물도 빛을 만나면 반짝인다> 속 짐승 같은 범죄자가 김영 서에게 주먹을 마구 휘두를 수 있었습니다. 초등학교 오학년 때부터 구 년 동안이나. 아버지였음에도. 하루 는 기절할 때까지 때렸고, 머리채를 잡고 질질 끌고 다녔으며, 예사로 강간한 자. 직업이 목사였다는데 하 늘 같은 건 무섭지도 않았던 모양이죠.

청주지방검찰청 충주지청 총무과장이던 김 아무개 는 재혼한 짝과 의붓딸을 칼로 으르며 강간했습니다. 특히 딸을 아홉 살 때부터 십이 년 동안이나. 아버지 였음에노. 1992년 일월 17일 김 아무개가 의붓딸의 친구에게 죽고 난 뒤에야 한국에서 딸이 자신을 강간한 아버지를 고소할 수 있게 됐죠.

짐승 같은 범죄자 목사와 검찰청 총무과장이 지배하는 집구석이 20, 21세기 한국 사회 한쪽에 옹송그릴 수 있었던 건 사 오륙백 년 묵은 가부장제 때문이었다고 나는 봅니다. 남편을 하늘로 두고, 남자가 부엌에 들어가면 고추가 어쩌고저쩌고.

벨 훅스는 <남자다움이 만드는 이상한 거리감>에 "언제든 한 사람의 남성이 누군가를 사랑하기 위해 가부장적 경계를 용감하게 넘을 때 여성과 남성, 그리고 아이들의 삶이 더 나은 방향으로 근본적으로 변한다는 것을 나는 살면서 알게 됐다"고 썼어요. "개개의 남성들이 성차별주의 인식에 용감하게 도전하고 가사 일을 하면서 관계의 기술 역시 배울 수 있었던 것은 아이들을 사랑하는 부모 역할에 동참하면서였다"고도 했죠. <남자를 위하여>를 쓴 김형경도 "대부분의 남자들은 적어도 중년의 시기가 되어야 자식이 책임이나 부담이 아니라 축복이라고 느낄 수 있다. 그제야 아버지라는 역할을 맡게 된 것을 행운이라 여기고, 아버지 역할에 필요한 것은 딱 두 가지밖에 없다는 것을 알아차린다"고 말했어요. 두 가지는 곧 "넘치는 배려와 우정"이라고. "하지만 (나이 들어 축복으로 느낀) 그때는 이미 자식들이 충분히 상처받으면서 다 자란 이후일 때가 많다"고 찔렀죠. 아프게.

많은 여성과 어린이 삶이 밝아질 수 있게 더 많은 한국 남자가 가부장제 떨치고 올곧게 일어서기를 나는 바랍니다. 설거지 같은 집안일에 팔 걷고 나서길 바라고. 두 손 모아. 배려와 우정 꽉 찬 사랑도.

몹쓸 가부장은 집 안에만 머무르지 않습니다. 집 밖에서 이른바 '바깥일' 하는 남자끼리 굳건한 지배와 피지배 관계를 쌓아 두고는 "형님"이니 "동생"이니 하며 웃죠. 형님 마음에 들지 못한 아랫것을 무참히 짓밟아 가며.

내게도 짓밟힌 기억이 있습니다. 1989년 유월 한 달 동안 신병 교육을 끝낸 나는 그해 칠월 자대에서 G 중사를 처음 봤습니다. 자기 밥판 닦는 걸 졸병에게 슬쩍 넘겼던 그 선임 하사. 그는 나로 하여금 화기 소대 포반에서 81밀리 박격포 계산병 노릇을 하게 했죠. 관측병 둘, 통신병 둘, 계산병 하나로 짜인 포반을 자기 손발처럼 부렸거든요. G는 장교 소대장이 오지 않은 화기소대―81밀리 박격포 셋과 91밀리 무반동총 둘 있는 곳―에서 오랫동안 대장 노릇을 했습니다. 그해 십이월 겨울 종합 훈련이랍시고 장갑차 타고 경기도 산과 들로 떠돌며 텐트 칠 때 술에 취한 그는 밤새 "무릎 주물러." 관측병이 오른 무릎, 내가 왼 무릎. 한두 시간 흐른 뒤 잠들었나 싶어 손을 살짝 떼면 "더 주물러." 기어이는 술에 부대낀 속을 달래야 했는지 "라면 끓여 와"로 마무리.

두세 날 밤잠 설친 채 다시 산과 들로 떠돌던 나는 입 한번 뻥끗 못한 노예였습니다. 관측병과 통신병 한 명에 나를 더한 셋이 부대 밖 G 중사 집에 가 이삿짐을 나른 날도 있었죠. 그리될 무렵까지 그는 오른쪽 집게손가락 끝에 나를 올려 둔 채 웃으며 "쟤, 사회에서 데모하다 왔대"라고 말해 소대 안 젊은 하사 하나가 알아서 따로 교육(?)하게 했습니다. 여름 땡볕 아래 따로 마른땀 흐르게 한 교육. 길들임. G가 어찌어찌하라 말 덧대지 않았음에도 알아서 선뜻선뜻 움직인 아랫것. 잊지 못할 짓밟힘.

G 중사. 못된 사회 가부장. 뿌리가 널리 퍼진 지 오랜데 모두 잘라낼 때 됐어요. 한국 사회에서 같은 일

되풀이되지 않게 잘 살펴야 합니다.

아빠 말고 엄마

"아버지!"

기독교를 믿는 한국 사람 가운데 적잖은 이의 입버릇 된 낱말이죠. "아버지, 하나님"이라거나 "주님"이라기도 하더군요. 난데없는 일로 깜짝 놀랐을 때 "아이고, 아버지!"라 소리치며 기댔다가 가슴 쓸어내리며 다시 그 '아버지'에게 고마워하는 모습도 나는 봤습니다. 가끔. 삶에 지쳐 짧은 한숨 쉴 때마저 "아버지…" 하고 읊조리는 사람도 봤고.

그 '아버지'는 자신을 낳는 데 유전자 반을 보탠 남자를 일컫는 게 아니죠. 기독교, 특히 16세기 로마 가톨릭교회에서 떨어져 나와 세를 키운 개신교에서 일컫는 '하나님'을 뜻하니까. 한국 표준국어대사전도 '아버지' 가운데 하나로 '기독교에서, '하나님'을 친근하게 이르거나 부르는 말'로 풀어놓았습니다.

친근. 아주 가깝게 느껴 익숙하고 허물없다는 거죠. 그리 뜻한 바와 우러러보는 높이에 따라 서로 달리들 알아듣게 마련이지만 귓전에 닿은 "아버지!"가 기독교 하나님을 뜻할 때엔 나는 좀 서먹해요. 가깝게 느낀 적 없어 익숙할 수 없고 하여 허물없을 리 없기 때문. 그를 본 적도 없고. 누구누구의 아버지를 일컫는 줄 알았다가 '아, 그 아버지!' 하고 다시 가다듬어 헤아리기 일쑤였습니다.

그 '아버지'를 "아버지!"라 이르며 가깝게 느낄 수 있으니 부르는 사람에겐 매우 좋을 듯하네요. 한집 사는 아버지처럼 익숙하고 허물없되 그에게 훨씬 크게 몸과 마음을 기대도 좋을 테니까. 한데 가슴 아래쪽에서 자꾸 꼬물꼬물 움직이다가 기어이 솟는 물음. "어머니!"는 왜 없어. 나 어릴 적 울음 터뜨릴 땐 "엄마!"부터 찾았는데. 내 거의 모든 친구도 그랬고. 짝과 내 유전자를 절반씩 품고 세상에 나온 벗도 "아빠!" 말고 "엄마!"를 찾았습니다. 벗은 한번도 나를 찾지 않은 성싶네요. 내 품에 먼저 안겨 울음소리를 키우면서도, 나를 껴안으며 마음을 조금 놓은 듯했을 때에도 "엄마!"를 부르며 울었죠.

꼬물꼬물 솟는 물음 하나 더. 이거 교육된 탓인가. 오랫동안 머리에 '하나님 아버지'를 자주자주 새긴

탓. 예수가 태어나기 전 유대(Judea)로부터.

유대 사람 집안에선 아버지가 꼭지였죠. 거의 모든 일을 두고 자기 마음대로였던 듯해요. 특히 리처드 도킨스가 쓴 <만들어진 신> 안에 여러 모습이 있습니다. 신이 옛 도시 소돔에 불과 유황 비를 내려 망가뜨리되 아브라함의 조카 롯만 건져내려고 남자 천사 둘을 보냈는데, 소돔 모든 남자가 "그들을 우리에게 건네면 우리가 알아보겠노라"고 했다죠. '알아보겠다'는 건 자기 몸 밖으로 불거진 생식기를 천사 항문에 넣겠다는 뜻. 롯은 이를 받아들이지 않고 물리치려 들면서 다른 사람을 내줬어요. "내게 남자를 알지 못한 딸이 둘 있소. 그들을 당신들에게 내줄 테니 마음대로 하시오"라며. 딸 등을 떠민 거죠. 제 맘대로.

그때 롯은—유대 아버지는—딸을 무엇으로 여긴 걸까요. 소돔에서 겨우 빠져나온 롯은 두 딸과 동굴에서 지내며 아이를 배게 했습니다. 두 딸 모두에게. 믿기지 않는 이야기죠. 한데 기독교 경전 '창세기 19장'에 뚜렷이 적혔어요.

같은 경전 '판관기 19장'에도 비슷한 얘기가 나온다고 리처드 도킨스는 알렸습니다. 레위(Levi) 사람 하나가 첩과 함께 여행하다가 한 노인 집에 묵을 때 도시 남자 떼가 문 두드리며 남자 손님을 내놓으라 했다죠. "알아보고 싶은 것이 있다"며. 앞서 소돔 남자 떼가 바랐던 그 알아보기. 집주인 노인은 이에 말했어요. "여기 처녀인 내 딸과 그의 첩이 있소. 그들을 내줄 테니 욕보이든 마음대로 하시오"라고. 자기 딸과 손님 짝 등을 떠민 거죠. 제 맘대로.

롯의 삼촌 아브라함은 여성 짝 사라를 이집트 왕에게 내줬답니다. 자기 동생이라고 거짓말하며. 들통나 이집트에서 쫓겨난 뒤 그랄 왕에게도 같은 짓을 했다는군요. 거듭 쫓겨났고. 이 이야기도 기독교 경전 '창세기 12장과 20장'에 적혔음을 리처드 도킨스는 짚었습니다. 이건 도무지. 모세가 한 말도 믿기지 않아요. 유대 사람들을 이집트에서 구해냈다는 모세. 그의 군대가 미디안 도시들을 모두 불태우고 모든 남자를 죽였지만 여성과 아이를 살려뒀다죠. 모세는 화를 내며 다 죽일 것이되 "남자를 알지 못한 여자아이들은 너희를 위해 살려두라"고 말했다는 이야기가 같은 경전 '민수기 31장'에 기록됐습니다. 어린이를 강간할 "너희를 위해"서라니.

아버지가 집안 꼭지에 선 채 짝과 딸과 아들에게 제 맘대로인 짜임새는 기원전 '창세기'로부터 단단히 다져진 듯싶어요. 개신 기독교에서 말하는 세상과 사람의 '주(主)'를 "아버지"라 일컬으며 마음에 막힘없이 들고 나게 된 까닭이기도 한 성싶고. 매우 단단히 다지고 두루 들고 난 나머지 21세기에도 여성과 남자가 결혼해 아이 한두 서넛 낳아 한 무리를 이뤄야만 '탈 없이 제대로인 가족'으로 여기게 된 것으로 보입니다.

한데 꼭 그래야만 가족인가요. 아이 없이 여성과 남자 짝만 살거나 여성끼리 사랑하며 살 수도 있죠. 남자끼리도 짝꿍 될 수 있고. 짝 없이 어머니와 살거나 짝꿍 없이 아버지와 살기도 하고, 아예 홀로 한 가구를 이룰 수도 있습니다. <싱글, 행복하면 그만이다>를 쓴 우에노 지즈코처럼. 그는 "(일본에서) 결혼하지 않으면 불행하다고 일컬어졌다. 그러나 결혼하지 않아도 나름대로 행복했다. 이혼하면 인생은 끝이라고 생각했지만 막상 해 보니 전혀 문제없었다. 부모가 되지 않으면 제구실을 반밖에 하지 못하는 것이라고 일컬어졌지만 성숙으로 도달하는 길은 부모가 되는 것 외에도 존재한다는 사실을 깨달았다. 싱글로 있다는 사실은 조금도 '불쌍'하거나 '불행'한 것이 아니"라고 말했죠.

2020년 십일월 4일 방송인 후지타 사유리가 바다 밖 정자은행에서 정자를 받아 일본에서 홀로 아기를 낳았어요. 결혼하지 않은 채. 그는 "사랑하지 않는 사람을 급하게 찾아서 결혼하는 것은 어려웠다"며 아이와 함께하는 삶부터 찾고자 했는데, 한국에선 그리할 수 없자 일본으로 건너가 뜻을 이뤘다고 했습니다. "앞으로 아들 위해서 살겠다"니 두 사람 또한 아름다운 가족이죠.

뿐인가요. 피 한 방울 섞이지 않은 두세 사람이 한 집에 들거나 여럿이 큰 집을 나눠 쓰며 살기도 하죠. 한 여성을 사랑하는 두 남자가 한집 살이를 하기도 하고. 중국 윈난에 사는 모쒀족은 더 넓게 트였습니다. 남자가 좋아하는 여성의 집에서 잔 뒤 아침엔 자기 살던 곳으로 돌아가요. 두 사람이 결혼해 따로 살림을 내거나 누군가 한쪽 집에 들어가 살지 않고 나중에 아이가 태어나면 어머니 쪽 가족으로 품는 짜임새. 특히 여성이 어느 때든 바라는 만큼 새로운 남자를 만날 수 있는 얼개죠. 모쒀족 삶을 살펴본 추와이훙은 <어머

니의 나라>에서 "나도 (모쒸 사람인) 그가 들려주는, 여자들이 연인을 자유롭게 고르고 남자들이 남편과 아버지로서의 의무로부터 자유로울 수 있는 결혼 없는 사회에 얽힌 이야기에 마음을 빼앗긴 사람 중 하나였다"고 털어놓았어요. 핏줄에 매이지 않고 남자 어른 여럿이 모든 어린이의 아버지가 되어 보살피는 무리. 함께 땀 흘려 먹을거리를 만든 뒤 고루 나누는 삶까지. 여러 사람 뜻이 제대로 모여 두루 흐르면 모쒸족처럼 살 수도 있는 겁니다.

"어제 우리 마지막 강아지 죽었어. 오늘 화장하고 왔어. 너무너무 슬퍼."

2020년 십일월 7일 들려온 내 동생 마음입니다. 그는 기어이 "많이 울었다"고 덧붙였죠. 그가 십삼 년 동안 함께한 개였고, 그의 짝과는 이십 년쯤 같이 산 친구였어요. 길에 버려진 강아지 여럿을 십 년 넘어 이십 년 가까이 함께 품었던 두 사람은 참 착하죠. 두 사람처럼 개와 가족을 이룬 집도 있습니다. 고양이와 한집 사는 이도 많고.

1983년 오스트리아 빈에서 열린 '인간과 애완동물의 관계 심포지엄'에서 '반려동물' 개념이 처음 나왔

답니다. <고기가 되고 싶어 태어난 동물은 없습니다>를 쓴 박김수진은 이를 "개, 고양이 등 비인간동물의 지위를 인간동물과 더불어 살아가는 동반자와 가족의 지위로 끌어올린 것"이라고 풀었어요. 반려(伴侶). 짝이 되는 동무. 삼십팔 년쯤 전부터 개와 고양이와 새 같은 동물도 사람 삶 속 짝꿍인 집이 많았다는 얘기죠.

어떻나요. 세상이 어찌 이리 바뀌었나 싶어 눈살 펼 새 없습니까. 아니, 근심 접어 두십시오. 다들 울고 웃으며 아름답게 삽니다. 벗이나 짝과 함께. 삶 하나하나 모두 사랑해주세요. 눈살 찌푸리지 마시고. 그이가 누구든 어떤 사람이든 고루 존중해 달라는 말씀. 동물이든 풀이든.

횟수

자, 그럼 우리 함께 시작해 볼까요. 설거지를 참되게. 나는, 한집에 셋이 살다 보니 밥 같은 걸 먹고 나면 유리컵 네댓과 반찬 나눠 담았던 접시 세넷과 밥그릇 셋을 닦을 때가 많습니다. 사람 수보다 유리컵이 한두 개 많은 건 벗이 더 썼기 때문이죠. 찌개 담았던 냄비 하나나 국그릇 셋쯤 더 나오기도 해요. 숟가락 셋과 젓가락 세 짝도 있겠고.

먼저 애벌. 키친타월을 한 장 뽑아 듭니다. (지구를 덜 깨뜨리는 걸 빨리 찾아 쓸 수 있게 되면 좋겠는데 짝과 나는 아직 따로 만들어 파는 종이 키친타월에 매여 있네요.) 대개는 짝이 먹을거리를 준비할 때 몇 장 뽑아 쓴 뒤 싱크대 둘레에 놓아 둔 걸 다시 쓰죠. 애벌엔 굳이 깨끗한 새 타월을 쓸 까닭이 없으니까. 다시쓸 게 없을 때엔 할 수 없이 새로 한 장 뽑아요.

빗물처럼 적당히 쏟아지는 수돗물로 닦을 그릇 등속을 한 번 휘두른 뒤 울긋불긋한 음식 찌꺼기를 타월로 닦아내죠. 가볍게. 그릇 생긴 결을 따라. 가벼이 닦는다지만 찌꺼기를 가장 많이 떨어내게 마련입니다. 타월에 묻는 게 많아 행주로는 배겨내기 어려워 키친타월을 사 쓰게 됐어요.

애벌이 잘될수록 세제를 덜 쓰게 되는 것에 곁점. 수세미도 덜 더러워져 오랫동안 잘 쓸 수 있어요. 짝도 "세제를 덜 쓰려고 애벌을 하는 거야. 헹구기도 좋고"라고 말해 저를 새삼 일깨워주기도 했죠.

'새삼스럽다'고 느낀 건 짝이 그리 말한 게 2020년 사월 15일 저녁이었기 때문입니다. 비빔면 두 개와 짜파구리와 칼국수 라면 한 개씩을 끓여 셋이 나눠 먹은 뒤 짝과 함께 왈강왈강 설거지하다가 문득 '애벌'이 말머리에 올랐거든요.

오래전부터 설거지를 함께했음에도 나는 그저 더욱 깨끗하게 여러 차례 닦아내려고 애벌과 두벌로 나

뉘 하는 것으로 알았죠. 한데 2020년 사월 제21대 총선이 있던 날 저녁에야 "세제를 덜 쓰려고" 애벌을 한다는 걸 깨닫게 됐습니다. 애벌을 좀 더 꼼꼼히 하게 된 계기였죠.

이제 그릇 애벌에 썼던 키친타월을 쏟아지는 수돗물에 살짝 헹군 뒤 세제를 조금 묻힙니다. 싱크대 안쪽을 닦으려고. 특히 바닥을 닦아요. 애벌한 그릇을 한쪽에 몰아 뒀다가 닦은 바닥으로 옮겨가며. 삼겹살 같은 걸 먹은 뒤여서 애벌 키친타월에 기름과 음식 찌꺼기 따위가 많이 묻었다면 새것을 한 장 더 뽑아 쓰죠. (키친타월을 뽑아낼 때마다 나무와 숲 생각이 나 머뭇머뭇하지만 짝과 나는 여전히 대신할 만한 걸 찾지 못했습니다.) 대개는 짝이 먹을거리를 준비할 때 몇 장 뽑아 쓴 뒤 싱크대 둘레에 놓아 둔 게 한두 장쯤 더 남아 있게 마련이에요. 그걸 다시 씁니다.

"더러운 바닥에 그릇을 놓을 수 없잖아."

이쯤에서 눈치채셨겠는데 그릇 애벌 뒤 싱크대 안쪽 바닥을 닦는 건 짝이 세운 설거지 차례이자 질서죠. 예전의 나는 그렇지 않았어요. 설거지할 때 싱크대 안쪽도 함께 닦는다는 생각을 한 번도 해 본 적 없습니다. 오로지 닭을 그릇 등속에만 눈길과 손과 마음이 꽂혔을 뿐 싱크대 바닥에까지 생각이 닿을 겨를이 없었어요. 뭐, 그래야 할 까닭을 몰랐던 거죠.

"바닥을 닦으라고?"

"응."

"왜?"

오래전 설거지하다가 짝으로부터 싱크대 안쪽 바닥을 먼저 닦으라는 얘기를 처음 들었을 때 오른쪽 머리끝으로 튕겨 오른 내 물음표. 그래야 할 까닭 같은 걸 알거나 느끼지 못했기에 '도대체 왜?' 쯤으로 음높이가 솟았죠. 짝은 "더러운 바닥에 그릇을 놓을 수 없다"고 말했고.

나는 사실 그릇 등속을 씻는 것만도 귀찮은데 싱크대 바닥까지 닦아야 한다는 게 싫었습니다. 짜증 났던 거죠. 설거지를 빨리 끝내고 싶은데 넓디넓은(?) 싱크대 바닥까지 닦아야 했으니까.

말마디가 좀 더 오가며 짜증도 무거워졌죠. 짝과 나 모두. 싱크대 안쪽을 닦는 것으로 뜻을 모았음에도. 뒷날 내가 싱크대 안쪽 바닥 닦기를 깜박해 짝에게 지청구를 듣기도 했어요. 서너 번이나. 아니, 대여섯 차례였던가. 음. 일고여덟 번은 될 성싶습니다. 하기 싫은 티가 오래갔죠. 마지못해 움직였으니.

나는 마음을 새로 다졌습니다. 싱크대 안쪽 바닥을 닦지 않더라도 나는야 괜찮다지만 짝은 꺼림칙할 테니까. 내가 한 설거지가 찜찜한 나머지 짝이 팔 걷고 나서 두벌 설거지를 하게 둘 순 없으니까. 제대로 한 것으로 믿었는데 마음에 차지 않아 다시 하게 되면 훨씬 더 성가시니까. 내게 설거지를 믿고 맡긴 짝에게 눈속임을 해선 안 되니까. 모두 내가 나서서 하지 않느니만 못한 일이 될 겁니다.

싱크대 안쪽 바닥을 닦으면 좀 더 매끈하고 깨끗한 설거지가 돼 내 몸과 마음이 가벼워지는 걸 느끼기도 했어요. 실제로. (정말입니다. 믿어주세요.) 짝 기준에 맞춰야 한다는 생각으로 시작한 게 조금씩 몸에 배었고 마음으로 매조졌죠. 늘 그러했다 믿으며 마음 다독이는 거예요. 열심히. 애벌 뒤 늘 싱크대 안쪽 바닥을 잘 닦으려 애씁니다. 요즘도.

수세미와 거품과 머릿속

애벌 끝낸 뒤 수세미를 집어 듭니다. 수세미에 세제를 묻혀야겠죠. 적당히. 거품을 내며 '이 비눗물 깨끗해지려면 맑은 물이 얼마나 있어야 한댔지?' 같은 생각 때문에 마음 저미지만 주섬주섬 '깨끗이 닦아야 같이 사는 벗과 짝에게 아무 탈 없겠지'를 챙겨 뒤섞어요. 눈 질끈 감고. 세제 통에 붙은 '친환경'과 '베이킹소다'와 '식초' 딱지에 마음을 많이 미뤄 기대며.

머릿속을 비우는 거죠. 멍하게. 오로지 설거지에 힘을 쏟는 겁니다. (기업이 소비자를 속일 때가 많아 안타까운데 '친환경'은 참되게 잘 지켜주시길. 제발.) <화학, 알아두면 사는 데 도움이 됩니다>를 쓴 씨에지에양은 "일상생활에서 사람들이 포름알데히드를 가장 많이 접할 때는 간접흡연을 하거나 가정용 세제를 사용할 때"라며 "사용 중인 설거지용 세제의 포장지를 확인해 보라. 성분표에 쿠터늄-15, 디엠디엠하이단토인, 디아졸리디닐우레아 및 이미다졸리디닐우레아 등의 성분이 있으면 포름알데히드가 들어 있는 것"이라고 알렸어요. 포름알데히드는 암을 일으키는

일급 물질이라죠. 집에 있는 세제 성분표를 한번 살펴
보시기 바랍니다. 꼭.

　나는, 닦을 그릇 등속 생김새를 따라—다들 그렇겠
습니다마는—구석구석 거품을 묻혀요. 오래전부터
이걸 '닦는 것'으로 알았고, 실제로도 그렇죠, 아마. 물
과 기름이 맞닿은 곳 분자 사이 움직임을 높여 때를
씻는 계면활성세제 거품 구실도 그렇고.

　접시. 윗면이 판판하기만 한 게 많되 층을 이뤄 살
짝 오목한 것도 있죠. 마땅히 세제 거품 수세미 잡은
손가락 끝이 오목해지는 결을 따라 원을 그려야 합니
다. 뒤집어 접시 굽을 따라서도 마찬가지. 위아래 면
고루 판판히 거품을 묻혀야 하는 건 두말할 나위 없겠
고요. 닦았으니 싱크대 안에 내려놓고.

　밥그릇. 밥풀이 남아 굳었을 때가 많죠. 특히 그릇
안팎 만나는 윗면 둘레에 가까울수록 좀 더 많이. 설
거지하기 전 시간이 흐를수록 더 단단히. 대개는 애벌
때 떨어져 나가게 마련이지만 끈기 있게 철썩 붙은 밥
풀이 있습니다. 달리 도리가 있나요. 나는 손가락 끝
으로 긁죠. 잘 안 되면 손톱. 손가락 말고 새 숟가락이
나 젓가락 같은 걸 쓰면 설거짓거리가 늘어날 수도 있

으니까. 싱크대 안에 설거지할 숟가락이나 젓가락이 남아 있더라도 손가락이 더 빠르니까. (그러고 보니 짝은 밥풀을 무엇으로 긁어내는지 물어보거나 살펴본 적이 없네요. 짬 나면 물어봐야겠습니다.) 안쪽에 거품 수세미 넣어 두른 뒤 바깥쪽까지 닦고. 밑굽에도 결 따라 거품 묻히면. 닦았으니 내려놓고.

국그릇. 그다지 어려울 게 없죠. 밥그릇처럼 손가락을 쓸 만한 일이 많지 않으니까. 밥그릇 닦아내듯 하되 거품 수세미를 아주 조금 크게 놀리면 됩니다. 참, 기름기가 많은 국을 담았던 그릇이라면 애벌을 꼼꼼히 해두는 게 좋아요. 예전엔 몰랐는데 기름기가 많이 남아 있는 그릇을 애벌 없이 닦으면 거품 수세미가 뻑뻑해집니다. 기름이 세제를 잡아먹는다고 할까. 계면활성 좋은 거품이 기름을 품고 그릇에서 떨어져 나간 것일 터. 뻑뻑해진 수세미는 제구실을 해내지 못할 상태가 되기 때문에 빨아야 하고, 빤 뒤 세제를 다시 묻혀야 하죠. 세제 거품을 두 번 내는 것보다 애벌을 잘 해두는 게 낫습니다. 훨씬.

숟가락과 젓가락. 쉽죠. 겉이 매끄럽게 마련이니까. 거품 수세미로 감싸 쥐듯 닦아 내면 됩니다. 하나씩.

밥풀 묻었을 땐 손가락으로 떼고. 나무 숟가락과 젓가락도 크게 다를 건 없는 성싶어요. 닦았으니 앞서 닦은 접시에 뉘거나 국그릇에 넣어 두고. 칼과 포크. 조심히 해야죠. 날카로우니까. 포크야 어지간하지만 칼은 힘줘 감싸 쥐듯 닦으면 곤란합니다. 손을 벨 테니까. '설마 그걸 모를 바보가 있겠어?' 하겠으되 설마가 때론 사람 잡죠. 생각보다 설거지를 무턱으로 하는 이가 많은 것 같더군요. 힘차게. (사실은 어릴 적 내가 그랬죠. 설거지 처음 해 봤을 때. 하하!)

　냄비. "양은"이라 일컫는 게 가장 쉽죠. "법랑"이라 부르는 것도 잘 닦이는 듯한데 오래 쓴 건 바닥에 흠집 난 게 눈에 쉬 띕니다. 손에 힘 들어가면 흠집이 깊어지거나 새로 날 테고, 힘 빼자니 제대로 닦아내지 못할 듯싶어 어설플 때가 많더군요. 흠집 많아지면 그만큼 빨리 버려야 할 터라 닦는 게 마냥 쉬운 것만은 아닙니다. "스테인리스"라 이르는 건 더욱 까다롭더군요. 닦고 헹궜을 때엔 깨끗해 보이는데 물이 마르고 나면 기름때인 듯 비눗물인 듯 무지갯빛 얼룩을 자주 내보입니다. 하여 나는, 스테인리스 냄비를 애벌한 뒤 꺼칠한 수세미로 두벌합니다. 따로 두벌한 뒤 부드러운 거품 수세미로 닦는 거죠. 꺼칠한 수세미가 냄비 바닥을 긁어 흠집을 내는 게 뚜렷해 이 또한 손힘을 얼마나 줘야 할지 아직 잘 모르겠습니다. 아무튼 닦았으니 내려놓고. 참, 냄비엔 손잡이가 달려 있게 마련이죠. 굽은 결 따라 천천히 고루 거품을 묻히며 닦아내는 게 좋습니다.

뚝배기. 오지그릇이죠. 붉은 진흙으로 빚은 뒤 오짓물 입혀 구운 그릇. 오짓물은 짚이나 나무를 태워 우려낸 물입니다. "숨 쉬는" 그릇으로 알려졌고. 찌개 같은 것 끓이면 따뜻한 기운을 오래 품잖아요. 숨 쉬는 틈으로 스며들었던 세제가 찌개 국물과 함께 우러나면 어쩌나 싶어 걱정이지만, 설거지할 때엔 머릿속을 비우니 뭐, 큰 어려움 있겠습니까. 닦습니다. 결 따라. 뚜껑 있는 뚝배기라면 굽은 곳에도 꼼꼼히 거품을 묻히죠. 밑굽 또한 빈틈없이. 닦았으니 내려놓고.

밥솥. 짝은 불로 압력을 높이는 것 말고 전기로 짓는 솥을 씁니다. 전기솥이 가벼워 닦기가 쉽죠. 생긴 결 따라 휙 닦아내면 되니까. 바닥을 긁어 흠집 내지 않게 부드러운 수세미로 힘 너무 넣지 않는 게 좋아요.

주진자. 짝은 잘 쓰지 않는 그릇입니다. 제대로 닦

기가 어려워서. 특히 그릇 한쪽에 바깥쪽으로 내밀어 만들어둔 귀때 때문에. 짝이 좀처럼 쓰지 않으니 나도 주전자를 닦아 본 기억이… 가물가물하네요. 집에서 주전자 볼 일 드무니 나는 그다지 마음 쓸 게 없겠습니다. 눈에 띄고 싱크대 안에 있다면야 꼼꼼히 닦을, 무엇보다 귀때 안쪽을 잘 닦아낼 솜씨와 꾀를 가지고 있어야겠죠. 없으면 찾아 길러야겠고.

하나 둘 셋 마음으로

물컵. 물 같은 거 따라 마실 때 쓰는 컵. 자, 드디어 물컵이네요. 물컵은 사실 설거지 맨 앞입니다. 꼭대기 이기도 하죠. 가장 먼저 닦고 가장 잘 해내야 합니다. 그동안 갈고 닦은 내 설거지 능력을 헤아릴 수 있는 물건이기 때문이에요. 귀찮아서 어설피 허투루 한 설 거지를 언제든 그대로 내보이는 거울이기도 하고. 스스로 보기에 그렇고 누가 보든 그럴 겁니다.

물컵은 플라스틱이나 유리로 만든 게 많은데 짝과 나는 주로 유리컵을 쓰죠. 같이 사는 친구도 그렇고. 자주 손과 입에 닿으니 제대로 닦였는지가 누구 눈에

든 잘 띄게 마련입니다. 자주 쓰이다 보니 쌓인 걸 다 닦고 돌아선 지 얼마 안 된 것 같은데 싱크대 안이나 옆에 물컵이 또 죽 늘어서기 일쑤. 한숨 나죠. 절로. 내가 물컵을 한 번만 쓰지 않고 두어 번씩, 때론 서너 댓 차례 얌전히(?) 쓴 뒤에야 싱크대에 내려놓게 된 까닭입니다.

어쩌겠습니까. 썼으니 닦아야지. 크게 어려울 건 없습니다. 물컵에 기름이 묻거나 음식 찌꺼기가 남아 있을 때가 많지 않은 만큼이나 닦는 것도 쉬워요. 물로 한두 번 가볍게 씻은 뒤 세제 거품 수세미를 컵 생김새 결 따라 움직이면 됩니다. 물컵 안쪽 바닥까지 거품 수세미를 밀어 넣고 돌려 가며 닦고.

참된 물컵 설거지는 이제부터. 헹굼. 세제 거품 수세미로 닦은 걸 물로 다시 씻는 거. 미리 담아둔 물에 넣고 흔들어 씻는 건 아닙니다. 싱크대 위 수도꼭지에 이어 놓은 물뿌리개로 물을 소나기처럼 쏘아 하는 헹굼이죠. 두말할 것 없이 꼭 해야 합니다. 가장 중요하고.

예전엔 몰랐어요. 한두 차례 헹궈 세제 거품 씻어 내면 설거지가 다 된 줄 알았죠. 손으로 문질렀을 때 뽀드득 소리 나면 그만이라 여겼고. 한데 짝은 모자

라다 했습니다. 쓱 봐선 다 된 것 같지만 "세제가 남아 있다"며.

짝은 눈에 보이지 않아도 "한두 번 헹구고 말면 세제가 남아 있다"고 굳게 믿습니다. 물컵이 마른 뒤 세제 자취가 제 모습을 드러내기 때문인데요. 제대로 씻기지 않은 거죠. 몸 떨림. 진짜 그랬습니다.

나는 "에이, 아니야"라거나 "설마, 그럴라구" 따위로 여러 차례 꾀를 부려 봤지만─정말 아닐 테고, 그럴 리 없을 거라 생각했지만─어설피 헹군 물컵엔 증거가 고스란했죠. 그때마다. 거꾸로 세워 말린 물컵에 하얀 세제 자국이 뚜렷하게 남아 있었습니다. 눈앞 세제 자취를 두고 할 말 잃은 나. 꼼짝 못할 증거인 터라 입 두어 번 달싹거리다 말고는 두 손 번쩍 들었어요.

하여 짝이 정한 내 설거지 헹굼 횟수. 세제 거품 수세미 쓴 뒤 애벌로 세 번, 두벌로 여섯 번. 꼭 해야 할 가장 적은 횟수가 그렇다는 얘기고 되도록 늘 넘치게. 물컵은 말할 것 없고 모든 그릇에 똑같이. 오래전부터 갈고 닦은 내 설거지의 가장 무거운 기준이요 지표였습니다.

기준이자 지표가 그렇다 하나 어디 사람이 늘 그리

정성스럽고 일백 퍼센트 참될 수 있던가요. 설거지할 게 많은 때엔 두벌 헹굼 횟수를 스리슬쩍 네댓 번으로 줄여 봤죠. 맙소사. 짝은 귀신같이 알더군요. 그때마다. 다 들킨 건 아니었겠지만 물기가 마른 물컵이나 그릇에 드러난 하얀 세제 자국 한두 개 때문에 온 믿음을 잃게 된 나는, 딱히 뭐라 할 말이 없었습니다. 때론 참되게 잘 씻겠다는 뜻과 움직임에도 하얀 세제 자취가 도드라졌으니 짝이 정한 헹굼 횟수를 잘 지킬밖에.

애썼습니다. 횟수 지키는 거. 하나 둘 셋 마음으로 세며 횟수를 채웠죠. 짝과 한 약속으로 여긴 거예요. 그리 씻다 보니 '세제 거품 수세미 뒤 애벌 세 번, 두벌 여섯 번'을 넘어 두벌 때 여덟아홉 차례씩 헹구는 내 움직임에 살짝 놀라기도 했습니다. 열 번을 넘기는 때도 있었고. 머리와 마음 비우고 씻다가 문득 보면, 여섯 차례를 넘겨 헹굼 횟수를 잊은 내가 싱크대 앞에 서 있었죠. 언젠가 가만 살펴보니 짝도 예닐곱 번을 넘겨 여덟아홉 차례씩 헹구더군요. 내게 주어진 기준을 스스로 넘어 짝의 실제 움직임에 바투 다가선 셈입니다.

한데 잊힐 만하면 '하얀 세제 자국'이 불쑥불쑥 내

발목을 잡았어요. 2020년 구월 19일. 내 설거지가 꽤 묵었음에도 짝으로부터 "(여성인) 우리는 경험이 많아서 (무엇이 어디에 왜 묻어 자국을 남겼는지) 다 보인다"는 말을 들었죠. '네 설거지는 아직 내 손바닥 위'라는 듯한. 내 설거지 나아갈 길은 아직 아득히 먼 듯합니다. 부처님 손바닥 위 손오공처럼.

자국

"자기가 닦으면 어디가 하얀 줄 알아? 여기."

내가 한 설거지에 '하얀' 세제 자국이 남아 있다는 짝 얘기. 2020년 칠월 11일 토요일 낮에. 플라스틱 볼 (bowl) 손잡이 아래쪽 오목한 곳을 가리키며. 그동안 자주 그랬다더군요. 내내 참고 지켜보다가 안 되겠다 싶어 그날 오금을 박은 거죠.

조금 무겁게 내 마음에 얹혔습니다. 머리를 때렸고. 1998년 이월부터 짝과 함께 살았고 이듬해부터 설거지를 조금씩 거들었으니 2020년 칠월이면 무려 이십이 년쯤인데. 설거지를 거드는 게 아니라 마땅히 해야 할 일로 여겨 몸과 마음을 좀 더 기울인 것도 십 년은

족히 됐을 텐데.

"프라이팬은 여기."

팬 끝 둘레 좁은 면이 하얗고는 했답니다. 내 설거지 뒤 프라이팬 끝 둘레에 하얀 세제 자국이 남아 있었다니. 짝이 그걸 참아주는 줄도 모르고 나는 내 설거지가 얼마간 궤도에 오른 지 오래라 여겼죠. 이거야 원.

나는 네가 지난날 한 설거지를 알고 있다

곰곰 되짚어 보니 2020년 유월 27일 토요일에도 "하얀 세제 흔적"을 두고 핀잔 들었습니다. 독서 노트 비슷한 곳에 그리 적어뒀더군요. 그때 이미 생각 좀 했다 싶었는데 열나흘 만에 같은 일이 일어난 거죠.

'하얀 세제 흔적'은 오래전부터 내게 큰 짐이었습니다. 여러모로. 거친 거품 수세미 손놀림에 세제 방울이 튀어 이미 닦아둔 그릇이나 유리잔에 하얀 자국을 남기고는 했거든요. 말할 것도 없이 짝 눈에 띄었고.

나는 세제 방울이 튄 줄 몰랐어요. 솔직히. (참말입니다.) 짝이 자국을 콕 집어 보여주거나 말해준 뒤에야 '내가 그랬을까?' 갸우뚱거리고는 했죠. 아무튼 눈길과 얼굴 돌리고 싶어서. 내 눈에도 하얀 자국이 또렷이 보였지만 내가 그리한 걸로 여기기 싫었죠.

거참, 알다 모를 일은 생각에 앞서 입에서 "내가 안 그랬어"부터 튀어나오는 겁니다. 낯부끄럽게도. 뻔히 알면서도. 먼저 고개를 가로젓기 일쑤니 나는 이미 성인군자로는 글렀습니다그려. 나는 그나마 세제 거품 수세미 손놀림이 얼마나 더 부드러워야 할지 제대로 가누려고 애면글면했어요. 너무 무르면 그릇 등속이 제대로 닦이지 않을 테니까. 너무 세면 잔거품이 또다시 이리저리 튈 테고.

짝이 정해 둔 헹굼 횟수를 스리슬쩍 줄였을 때에도 꼼짝없이 하얀 자국이 드러나고는 했습니다. 2020년 칠월 11일과 유월 27일 전에도 한두 번 아니었다는 얘기. 이겨냈다, 이젠 해냈다 싶었는데. 거참, 아직 어려워요.

2020년 구월 19일 짝이 "(여성인) 우리는 경험이 많아서 다 보인다"고 말했을 때 싱크대 바닥 수챗구멍 둘레에 기름이 앉아 있었습니다. 소고기 넣은 떡국을 끓여 먹고 난 뒤 국물 자취가 남았던 거죠. 짝이 그걸 보고는 싱크대 바닥을 꼼꼼히 제대로 닦지 않았기 때문이라고 헤아렸어요. 만져 보라기에 손가락 대 보니 정말 미끌거리는 게 딱 쇠고기 국물 기름이었습니다.

달리 할 말 있습니까. 아무 말 못했죠. 곰곰 되짚어 보니 내가 그동안 싱크대 바닥 수챗구멍 둘레를 꼼꼼히 제대로 닦아낸 적 없었기 때문. 거참, 나만 그런 걸까요. 잘해 보려 한다지만 여기저기 허튼 구멍이 참 많습니다. 그날 뒤로 나는 설거지를 시작하기 전에 싱크대 바닥을 좀 더 잘 닦으려 애쓰죠, 뭐. 달리 할 말따로 할 일 없더군요.

"세월아 네월아 헹궈야 해."

짝은 내친김에 좀 더 나아갔습니다. 덩치 큰 냄비는 정해둔 헹굼 횟수를 잊고 세월없이 씻으라고. 프라이팬 끝 둘레 좁은 면에 물을 세심히 뿌리라며. 무념무상 같은. 뭐, 그런 거. 내가 거기 서 있음을 잊을 만큼에 닿을 것까진 없더라도 이런저런 마음이나 생각 없이 냄비와 프라이팬을 씻어 보는 건 나름 좋았어요. 살다 보면 마음과 생각 비우는 게 어렵잖습니까. 해볼 수 있을 때 빈 곳으로 들어가 보는 거죠. 들숨 날숨 가벼워집니다.

짝은 "설거지할 게 많으면 대충 하고 싶어지잖아.

사람 심리가 그런 거 아냐?"라고 내게 묻기도 했죠. 물었되 그게 굳이 물었다기보다 '나는 네가 지난날 한 설거지를 알고 있다'고 말하는 듯싶은 느낌. 그게 또 대충 '알고 있다'기보다 '죄다 알고 있다'는 성싶었습니다. 팔짱 끼고 선 채 내 설거지하는 양을 지그시 바라보는 짝… 무서워요. (아이고, 그 모습 또 떠올랐습니다.)

이런저런 귀띔과 일러서 시킴과 달램수와 으름이 귀에 박힌 듯한데 나는 왜 잊힐 만할 때 또다시 같은 자국을 남긴 걸까요. 짝이 정한 헹굼 횟수 잘 지키고 때론 넘기기도 했는데. 마음 담아 잘 씻으려 했음에도.

참으로 모진 설거지 특훈

2015년 구월 30일. 추석 연휴 끝 이튿날 저녁. 짝이 부엌에서 무와 칼을 집어 들었습니다. 무채 만들어 밥에 비벼 먹으려고. 고추장 조금 넣고 참기름 치면 사각사각 맛있죠. 꼴깍. 나는 거실에 앉아 침 삼키며 마늘을 깠어요.

탁, 탁. 무채가 "짜다"며 무를 더 써는 소리. '밥을 조금 더 넣고 비비면 될 텐데 왜 그걸 굳이 더 썰어?' 싶었는데. 멈칫. 고요. 소리마저 멎더니.

"이거 그냥 붙을까?"

짝이 왼쪽 새끼손가락 끝을 감싸 쥔 채 내게 물었습니다. 싱크대 여기저기 피 흩어져 어지러운 채. 무와 무채에도.

"아니, 깊어. 꿰매야겠다."

세 바늘. 새끼손가락 끝 한 마디를 에두른 마취 주삿바늘을 참다가 쥐어짜인 듯 새어 나온 짝의 소프라노 목소리를 들었죠. "아…!" 참으로 오랜만에. 나는 병원 응급실 문밖에서 소리 죽여 웃었습니다. 키득키득. 짝이 이십 년쯤 전 물놀이터 미끄럼틀에서 깜깜한 터널 안으로 미끄러지며 냈던 목소리와 같은 음높이였기에. 조금 두렵지만 별것 아닐 걸로 생각해 선뜻 나섰는데 막상 깜깜한 곳에서 몸이 붕 뜨니 자신도 모르게 "아…!" 한 것과 같은 음높이로.

그다음 날 저녁. 왈가당왈가당. 내 설거지. 의사가 한동안 짝 왼쪽 새끼손가락에 물 닿지 않게 하랬으니 내가 도맡아 할밖에.

"안 돼. 한 번 더 헹궈."

짝이 옆에 선 채 내 설거지를 지휘했습니다. 새끼손가락이나 잘 추스를 것이지 대체 왜. 2015년에도 짝이 내 설거지를 온전히 믿지 않았던 거죠, 뭐. 팔짱까지 낀 짝은 "세젤 너무 많이 쓴다"더니 "어어, 한 번 더 헹구라니까"로 잇댔죠. 아이고오.

그날 나는 이십 년 육 개월 동안 꽉 채워 일한 신문사를 그만뒀습니다. 사직서를 냈죠. 그걸 알게 된 같이 사는 벗이 짝 지휘 아래 설거지로 애면글면하는 내 모습을 보고 무심히 가로되.

"아빠, 사표 냈으니까 설거지 특훈 좀 하겠네."

짝이 웃었습니다. 하하하하하! 낮고 무겁게 '하'를 딱 다섯 번. 같이 사는 벗도 웃고. 까르르. 나도 따라 웃긴 했는데. 쳇, 그날부터 열흘쯤 이어진 '설거지 특별훈련'은 참으로 모질었습니다. 앓는 소리는 앓은 족족 하찮게 여겨졌고, 허리 아픈 괴로움도 부질없는 엄살 돼 마른하늘에 흩어졌죠.

무엇보다 헹굼 애벌 "세 번"과 두벌 "여섯 번"은 귀에 못이 박히는 듯했어요. 거듭 다잡힌 바람에. 가장 무겁게 지켜야 할 내 설거지 규칙이 됐습니다.

2015년 시월 특훈을 그토록 모질게 해냈음에도, 나

는 짝으로부터 "안쪽엔 물이 안 가잖아"라는 말을 들었습니다. 2020년 유월 11일이었는데 한눈에 본 내 그릇 헹구는 양이 짝 마음에 차지 않았던 거죠. "생각하지 말고 똑같이 해. 그냥. 이 정도면 되겠지 하지 말고"라는 말까지 들었어요. 2020년 구월 7일이었죠. "저장 용기 뚜껑은 그렇게 설렁설렁 헹구면 안 돼. 여태 그렇게 닦아놓은 거야?"라는 말도 들었습니다. 2020년 십일월 12일이었어요. 마음을 꼬집힌 거죠. 특훈 뒤 오 년밖에 흐르지 않았음에도. 잊힐 만하면 하얀 세제 자국 돋았는데 내가 스리슬쩍 헹굼 횟수를 줄였기 때문일 때가 많았죠. 횟수를 지켰지만 물을 건성으로 뿌린 탓이기도 했고.

　세제 자국은 참 진득했습니다. 무겁게. 내 설거지 거울인 터라 더욱더.

원칙

"그릇 안과 밖, 어디를 더 깨끗하게 닦아야겠어?"

설거지하는 나를 고즈넉이 바라보던 짝이 물었습니다. 내 대답은 그리 오래갈 까닭이 없었죠.

"안쪽."

어떻습니까. 당연하지 않나요. 그릇 안쪽에 먹을거리를 담으니까. 그걸 사람이 먹게 되니 음식 놓아 쓰는 곳을 더 깨끗이 씻어야 한다고 나는 생각했습니다. 어떻습니까. 당신도 그리 생각하시나요.

"틀렸어."

짝이 말했습니다. 땡. 잘못된 답이라고.

"안팎을 다 잘 닦아야지. 씻은 걸 서로 기대게 해서

비스듬히 세워 말릴 때 그릇들 안팎이 닿잖아. 또 말리고 나선 그릇을 겹쳐 쌓아두는데 바깥쪽이나 밑바닥을 대충 닦으면 되겠냐. 그럼 설거지를 하나 마나지."

"⋯⋯."

나는 아무 말 못했습니다. 한 방 제대로 먹었죠, 뭐.

나는 아무래도 설거지를 일로 품지 못했던 듯싶습니다. 그동안 설거지로 집안일을 조금 거들며 살았을 뿐 온전한 내 일로 여기지 않아 '그릇 안팎이 다 깨끗해야 마땅할 상식'마저 놓친 듯해요. 설거지가 어렵고 힘들되 하찮다 여겼기 때문이겠죠.

'그릇 안팎' 돌이켜 본 뒤 나는 가슴속에 '원칙'을 몇 개 새겨뒀습니다. 스스로 꾸준히 지킬 바탕을 마련한 거예요.

그릇 안팎에 헹굼 물줄기가 고루 닿아야 한다는 거. 그릇 생김새 따라 물줄기를 내뻗쳐 나아가되 손잡이와 밑굽과 프라이팬 좁은 둘레 따위엔 좀 더 마음을 써야 한다는 거. 세제 거품 수세미를 쓴 뒤 헹굼 물줄기를 쓰는 몸과 마음이 '애벌 세 차례, 두벌 여섯 차례'를 꼭 넘겨야 한다는 거.

특히 잊지 말아야 할, 가장 무거운 원칙은 '눈에 띈 설거짓거리로부터 얼굴 돌리지 말자'는 거. 눈에 띄면 곧바로 팔 걷고 움직이자는 다짐입니다. 설거지할 게 많든 적든 눈에 띈 족족 해내자는 뜻.

애쓰고 있습니다. 내 설거지 원칙 지키려고.

못내 아쉬운 건 이게 도무지 '했다'거나 '잘했네' 하는 표시가 나지 않는다는 점. 물컵 몇 개 보여 꼼꼼히 씻고 돌아선 지 대체 얼마나 됐다고 싱크대 둘레에 또 컵이 주르르 줄을 서는 걸까요. 줄 선 물컵과 음식 찌꺼기 묻은 그릇 몇 개는 또 어찌나 눈에 잘 띄는지. 아이고. 눈을 그저 질끈 감고 돌아서고픈 때가 어디 한두 번이었겠습니까. 아주 미치겠습니다.

"지겹다, 지겨워. 설거지."

짝도 매한가지더군요. 넌더리가 날 정도로 지루하고 싫은 거죠. 나와 결혼한 뒤 이십이 년 넘게 설거지를 되풀이했으니 지긋지긋하고도 남을 일입니다. '잘했다'는 표시가 나지 않는 데다 "고맙다"는 빈말 한마디마저 제대로 듣지 못했으니 오죽하겠습니까. 에라, 모르겠다 얼굴 돌릴 수도 없었을 겁니다. 금세 냄새 나고 절로 눈살 찌푸리게 마련이었을 테니까.

설거지는 참으로 귀찮은 일임에 틀림없습니다. 진저리 칠 만큼 싫고 괴로운 일. 때론 지저분하던 그릇이 깨끗해진 걸 보며 흐뭇해하죠. 드물게는 재미있기도 하고. 하지만 아주 잠깐입니다. 꾸준히 찾을 흐뭇함이나 재미는 아니에요. 결코. 한집 사는 이 가운데 누군가 꼭 해야 할 일이겠으되 그게 오로지 한 사람에게 몰려선 곤란하죠. 나눠 맡아야 마땅한 일입니다. 수고로운 일.

배달 음식을 부르거나 라면 같은 걸 간단히 끓여 먹었을 때엔 그릇 등속이 좀 줄죠. 짝과 벗과 내가 한집에 사니 많아야 냄비 하나에 국그릇 서넛, 숟가락 셋, 젓가락 세 짝쯤일 테니까. 국자도 하나면 되겠고요. 설거지가 두려워 일부러 그릇 적게 쓰일 먹을거리를 찾을 때가 많습니다. 한데 늘 먹은 만큼보다 설거짓거리가 더 많은 성싶은 거예요. 간단히 먹었음에도. 싱크대 앞에 서면 '라면 끓여 먹었을 뿐인데 왜 이러지?'라거나 '짜장면 짬뽕 불러 먹었는데 이 그릇 저 컵은 대체 어디서 온 거람'이 불쑥불쑥합니다. 짜증 함께 솟고.

사실 아주 감쪽같을 일은 아니었더군요. 곰곰 짚어

보니 라면에 곁들인 김치를 담아냈거나 족발 같은 걸 덜어두고 먹을 때 쓴 작은 접시 따위가 더 있었습니다. 간장 종지가 쓰였거나 소주잔과 막걸리 사발이 함께 싱크대 안에 옹송그리기도 했죠. 하루는 안 되겠다 싶어 하나하나 헤아려 봤습니다. 어느 토요일, 아침 일찍 바깥으로 나가게 된 벗을 위해 짝이 국수 한 그릇을 끓여 냈더군요. 어른 손바닥보다 조금 작은 듯한 부추전 다섯 장과 당근 간 것 한 잔도 곁들였고. 뭐, 간단해 보였죠. 한 사람을 위한 끼니였으니까. 한데 설거지하려니 싱크대 안에 그릇이 한가득. '아니, 이게 대체 어디서 다 솟아오른 거람.'

가만가만 눈으로 더듬었습니다. 국수 담았던 큰 사발과 벗 젓가락 한 짝. 조금 남은 국수 가락 담아낸 국그릇과 짝이 쓴 젓가락 한 짝. (설거짓거리 줄이려고 나는 같이 사는 벗이 쓴 젓가락을 그냥 썼습니다.) 찬물에 국수 가락 씻을 때 쓴 거름망 그릇. 국수 삶은 냄비. 부추전 부친 큰 프라이팬. 전 담아낸 긴 직사각 접시. 부추와 부침가루 섞어 갠 볼(bowl). 부침가루 갤 때 쓴 나무 숟가락. 전 덜어 먹을 때 쓰라고 벗에게만 준 납작 접시. 아, 간장 종지도 있었네요. 당근 주스 담아 낸 컵. 당근 갈 때 쓴 믹서. 유리 몸통과 밑바닥 칼날 쪽을 나눠서 두 쪽으로. 아, 당근 다듬을 때 쓴 작은 칼까지. 음. 이런저런 그릇 등속 사라진 티가 나지 않았던 건 설거지가 귀찮고 괴롭고 힘든 나머지 하나라도 더 잊고픈 마음 때문인 듯싶습니다. 지겨워서.

셀로판테이프 조각

넌더리 나지만 나는 아직 스스로 세워 둔 설거지 원칙을 무너뜨리지 않았습니다. 작은 흠 하나 없이 지키지는 못했으되 나름 애쓴 덕일까. 집안에 닿는 내 눈길이 조금 넓고 깊어진 걸 느껴요. 눈길 따라 몸 움직임새도 달라졌고.

"나는 방바닥에 떨어진 머리카락을 (셀로판)테이프로 다 찍어내요."

오래전 동료 기자가 한 말입니다. 선후배 기자 네댓이 모인 맥줏집에서였죠. 그는 "선배, 나는 화장실 수건걸이에 걸린 수건도 흐트러져 있으면 안 된다니까. 마누라가 대충 걸어둔 것도 (양손으로 판판히 잡아당기는 시늉을 하며) 다 펴서 딱 반으로 접히게 맞춰요"

라며 웃었어요. 그 말 들은 나는 "하!" 바람 새는 소리와 함께 "좀 심한 거 아니야?"라며 웃었죠. 나는 실제로 그가 유난스럽게 깨끗한 걸 좋아하거나 혹시 강박은 아닐까 싶어 조금 걱정했습니다.

글쎄, 그런 나였는데 말이죠. 어느 날 문득 보니 손에 예사롭지 않은 게 들려 있지 뭡니까. 셀로판테이프 조가. 내가 집 안 방바닥을 살피며 머리카락 같은 걸 테이프에 붙여내고 있더군요. "하!" 거참, 놀랐습니다.

사람이, 내가, 조금 바뀐 성싶어요. 글쎄, 내가 방바닥뿐만 아니라 화장실 바닥 수챗구멍 거름망에 엉킨 머리카락까지 휘리릭 걷어내는 게 아닙니까. 눈에 띄는 대로. 화장실 변기에 묻은 때와 창틀에 쌓인 먼지를 쓱쓱 닦기도 하고. 그동안 그리 움직인 적 많지 않았습니다. 짝이 시켰을 때에나 마지못해 했을 뿐. 무슨 청소 원칙 같은 걸 따로 마련할 생각도 하지 않았죠. 다만 여기저기 더러워진 곳에 허리와 손 뻗는 게 몸에 조금씩 배는 듯하달까. 조금 바뀐 성싶어요, 내가, 사람이. 앞으로 움직임이 좀 더 착해지리라 믿습니다. 모두 설거지하려는 마음으로부터 솟아난 몸짓인 것으로 나는 헤아리죠.

원칙 세웠고 청소하는 몸짓까지 부드러워졌다지만 가끔 안절부절못할 때가 있습니다. 나보다 앞서 짝이 설거지를 하고 있을 때죠. 내 할 일을 짝에게 미룬 듯해 조마조마해요. 짝 옆으로 다가갔다 멀어졌다 해가며. 거듭 다가가 "내가 할게"라고 말해 보지만 "괜찮아"라거나 "됐어, 얼마 안 돼"라는 짝 대답이 돌아오게 마련. 그럴 땐 어찌할 바를 모르겠더군요. 이런저런 생각에 깊이 붙들려 설거지를 깜빡한 탓이었습니다. 설거짓거리가 눈에 밟혔지만 곧바로 팔 걷지 않고 급히 화장실에라도 다녀왔기 때문일 때도 있었죠. 아무래도 나는 아직 덜 된 인간인 성싶습니다. <사랑한다면 왜>를 쓴 김은덕은 "'맞살림'이라는 말이 '맞벌이'처럼 더 많이 쓰이기를 바라며, "내가 해줄게" 대신 "내가 할게"라는 말을 원한다"고 했어요. 맞살림. 참 좋은 말. 새겨들었어요.

뒷갈망

짝과 나는 식기세척기를 가만히 엿봅니다. 이삼 년 전부터. 설거지 짐을 얼마쯤 덜어줄 게 틀림없어 보였죠.

사들여야 할까요. 음. 아직 잘 모르겠습니다. 식기 세척기 힘이 제아무리 좋다 한들 짝과 내가 하는 설거지쯤엔 닿지 않을 듯해서죠. 설거지 처음과 끝을 고스란히 다 해내지도 못하는 성싶고. 전기를 따로 들여야 해 사람 손 설거지보다 지구에 짐을 더 지우는 것도 마음에 걸려요. 살지 말지는 짝이 매조지겠죠. 조용히, 나는 내 설거지 원칙을 좀 더 품고 기다려 보겠습니다.

참, 매조지는 이야기 덕에 설거지 맨 나중 일이 생각났어요. 뒷마무리! 해 본 적 없어 서투른 설거지는 우당탕퉁탕하게 마련이죠. 뒤끝이 어수선합니다. 물방울은 말할 것 없고 세제마저 싱크대 둘레에 마구 튀어요. 좀 더 멀게는 그릇 건조대에 닿고. 방바닥에 물이 흥건할 때도 있죠. 배와 허리께 옷이 홀딱 젖기도 하고. 내 첫 설거지가 딱 그랬어요.

뒷갈망을 잘해야 합니다. 물줄기를 소나기처럼 쏴 싱크대 둘레를 천천히 빙 두르죠. 물에 쓸린 뒤 싱크대 수챗구멍 거름망에 걸린 음식 찌꺼기까지 다 걷어내고. 남자 짝의 설거지 끝맺이가 좋지 않아 "속 터져, 시키느니 차라리 내가 하고 만다"는 사람 많더군요.

팔 걷고 나선 일, 잘 매조져야 내내 함께 웃을 수 있습
니다. 보람차고.

집

짝이 내게, 같이 사는 벗이 쓸 새 샤프펜슬을 사오라 했습니다. 자주 찾는 빵집에 "식빵 사러 가는 김에" 문구점에도 들르라는 거였죠. 들러야 할 문구점 이름이 새겨진—다시 쓰려고 버리지 않은—비닐봉지에 오래 써 손때 묻은 샤프펜슬을 넣어주며 "이거랑 같은 거, 흰색으로 달라고 해. (벗이) 이것만 쓰니까"라고 했어요. 세세히는 "영 점 칠" 밀리미터 심을 쓰는 샤프펜슬이어야 한다는 거였고, 좀 더 세세히는 "지난번에 영 점 오 밀리(미터) 검은색 볼펜 심 두 개를 잘못 샀는데, 이거 혹시 영 점 칠 밀리로 바꿔 주실 수 있는지 물어봐. 안 된다고 하면 그냥 가져오고"라는 부탁. 웃으며. 짝은 네 가지 색깔 심을 한 통에 넣고 번갈아 쓸 수 있는 볼펜을 비닐봉지에 함께 넣으며 "여기에 갈아 끼우는 영 점 칠 밀리짜리 검은색 심도 두 개 달라고 해"라고 덧붙이기도 했죠. 웃으며.

하나 더. 문구점 건너편 토스트 가게에서 야채 가득 넣고 달걀 보탠 것 하나와 햄과 치즈를 넣은 거 두 개도 사 오라 했어요. 대강 추려내자면 먼저 빵집에 가 식빵을 사고, 그리하는 김에 문구점과 토스트 가게를 들러 오라는 거였죠. 잘 듣고 곰곰 새기지 않으면 그대로 해내는 게 쉽지 않습니다. 뭔가 빠뜨리기도 하고.

나는 "한 시간쯤 걸릴 거"라며 투덜댔습니다. 웃으며. 짝도 웃었고. 둘이 마주 보며 웃은 건 거리 때문이었죠. 그날 짝 부탁대로 움직여 집으로 돌아온 뒤 실제 거리가 얼마나 되나 인터넷 포털에서 짚어 봤습니다. 재어 본 건 처음. 집에서 빵집까지 786미터, 빵집에서 토스트 가게까지 655미터, 토스트 가게에서 집까지 347미터. 모두 더해 1,788미터. 1.8킬로미터쯤이 더군요.

토스트 가게 건너편 문구점에 먼저 갔다가 빵집을 들러 집으로 돌아온 때도 몇 차례 있으니 내게는 예사로이 걷는 길인 셈이죠. 햇살 좋을 땐 얼굴 들고, 비바람 불 땐 우산 아래 옹그린 채 걷는. 슬슬 도는 동네 한 바퀴. 구름 사이 하늘로 눈길 두고 숨도 좀 트고. (휴일 낮이나 해 질 녘에 그리 걷는 걸 즐기는데 정작 집을 나서기 전엔 늘 '귀찮다'거나 '하기 싫다'고 투덜대는 건 또 무슨 심사인지 나도 잘 모르겠습니다. 음.)

토스트 가게에 주문 넣어둔 뒤 길 건너편 문구점에 가 오래된 샤프펜슬 보여주고 똑같은 흰색 상품을 찾았습니다. 영 점 오 밀리미터 볼펜 심 두 개를 영 점 칠 밀리미터짜리로 바꿔줄 수 있는지 묻고, 네 가지 색 볼펜용 영 점 칠 밀리미터짜리 검은색 심 두 개를 더 사겠다고 말했고요. 주섬주섬. 그 집 이름 새겨진 비닐봉지 안에 담겨 있던 네 가지 색 볼펜과 볼펜 심과 샤프펜슬을 꺼내 보여주며.

그때 문구점 계산대 옆에 서 있던 한 여성 말. "참 자상하시네요. 우리 남편은 이런 거 하나도 안 하는데." 내 대답. "하하, 그냥 (짝이) 시켜서 하는 겁니다." 그 여성. "저희 남편은 시켜도 안 해요."

남편. 결혼해 이성애(異性愛) 여성의 짝이 된 남자. 같이 사는 벗—딸이나 아들—위해 문구점에 들르는 이가 드문 걸까요. 짝이 부탁해도 하지 않는 이가 흔한 겁니까.

자주 찾는 빵집과 문구점과 토스트 가게는 집으로부터 남서쪽이고, 가끔 북동쪽으로 806미터를 걸어가 김밥 세 줄 싸 달라 한 뒤 또 다른 빵집과 떡집을 들러 819미터를 되돌아올 때도 있습니다. 1,625미터. 1.6킬로미터쯤이죠.

내가 그리 가끔 찾아간 걸 아는 떡집 주인 말. "남자가 장바구니 들고 다니는 거 참 보기 좋아요." 내 대답. "심부름하는 겁니다." 주인 말. "그러니까요. (떡) 하나 더 드릴게요."

남자. 장바구니 들고 다니는 이가 드문 걸까요. 얼마나 눈에 설기에 흰무리떡 하나를 더 얹어주며 웃으실까. 가래떡을 곁들여주실 때도 있고.

짝 심부름하고 장바구니 든 적 있는 동네 남자 수를 헤아려 본 적 없기에 꼭 그렇다 할 순 없겠지만 느낌이 옵니다. '아, 그렇구나.' 쑥스럽거나 하기 싫은 모양입니다. 남자여서. 한국 남자가 할 일 아니라 여기며.

나도 사실 그랬습니다. 장바구니 든 손이 못내 부끄러웠고, 짝 부탁을 심부름으로 여겨 못마땅해했죠. 투덜대기 일쑤였고. 특히 이것저것 사기로 한 것을 머리에 새기며 걷는데 휴대폰이 울리면, 어김없이 짝 주문 추가. 나를 보낸 뒤 방울토마토 생각이 났고 대파도 떠올랐으며 생강마저 있어야겠네 싶었던 거죠. 나는 그걸 두고 또 구시렁구시렁. 무엇보다 대파는 꼭 장바구니 밖으로 머리를 내미는 터라 더 싫었습니다. 생각보다 오래 걸리더군요. 장바구니 든 채 부끄럼 다 떨고 1.8킬로미터쯤 너끈히 걷는 거. 얼굴 들어 햇살 받고 비바람 반가워한 것도.

삼사십 년쯤 살며 몸에 밴 '한국형 남자다움'이 '장바구니 든 나'를 다른 사람 눈길 끝에 올려놓고는 했습니다. 스스로. 혹시 누가 볼까 두려워. 그게 어디 두려울 일이겠습니까마는. 아는 사람이라도 만나면 어쩌나 하고. 쓸데없는 걱정으로 투덜투덜. 장바구니 들고 집 밖으로 나서는 게 싫었고, 쉽지 않았습니다. 식빵 사러 가던 길에 생강과 대파와 방울토마토 따위가 더해졌다고 구시렁대는 걸 멈춘 것도. 얼마간 투덜대 뒤야 다음엔 부탁하지 않겠지 하는 얄팍한 꾀를 떨어낸 것까지.

혹시 당신은 식빵과 샤프펜슬과 대파 사는 걸 쓸모

없는 일로 여기나요. 쓸모는 좀 있겠으되 그래도 남자가 할 일은 아니라 여기십니까.

<며느리 사표>를 쓴 김영주의 짝은 어릴 때 고모로부터 "남자가 부엌에 들어가면 고추 떨어진다"는 말을 들었다더군요. 한국에 그리 말하는 사람 적잖다는 걸 익히 알긴 했지만 이처럼 있는 그대로 귀에 닿기로는 거의 처음인 성싶습니다. 그는 손에 물 한 방울 묻히지 않은 채 자랐고, 설거지를 받아들이는 데 오 년 넘게 걸렸다죠.

놀랍군요. 한국 가부장 콧대와 어깨가 높고 단단한 줄은 진즉 알았지만, 실재(實在)와 맞닥뜨린 나는 좀 어지러웠습니다. 김영주의 짝이 설거지를 해 본 적 없고 전기 청소기 한 번 돌려 본 적도 없다더니 기어이는 "내가 내 집에서 편하게 담배도 못 피우느냐"며 버텼다는 얘기엔 기함할 노릇. 지금 21세기임에도 그렇다니 절로 벌어진 입 다물기 어렵네요. 삼종지도(三從之道)니 칠거지악(七去之惡)이니 남편은 하늘이니 하는 헛소리마저 온몸으로 품어야 했던 사 오륙백 년 전 며느리의 괴로움과 아픔은 그 얼마나 컸을지. 참으로 가늠하기 어렵습니다그려.

신문사 원산폭격

"대가리 박아!"

곰곰 되짚어 보니 내 삶 둘레에도 사람을 위아래로 가르고는 자기보다 아래라고 여긴 이에게 함부로 말하거나 움직이는 남자가 있었습니다. 그는 어느 날 같은 신문사 한 후배에게 "건방지다"며 뒷짐 진 채 몸을 굽혀 머리를 땅에 대라고 말했어요. 한국 군대에서나 쓰이던 몹쓸 짓이죠.

이른바 '원산폭격.' 술자리에서. 한두 번 아니었고 버릇인 듯 후배 여럿에게 종종. 1950년 유월 25일부터 1953년 칠월 27일까지 한국전쟁 내내 원산에 이어진 모진 폭격 같은 아픔을 후배에게 줬죠. 술이 지나친 탓인지 그의 본디 마음이 그런 것인지 온전히 헤아릴 수 없었어요.

그는 나와 나이가 같았고 대학에도 같은 해에 들어 갔습니다. 1987년이었죠. 내가 군대에 다녀오고 학교를 졸업한 뒤 일 년쯤 취업 재수를 하는 동안 그는 신문사에 먼저 자리 잡았어요. 나보다 삼 년 반쯤 앞선 기자였습니다. 그가 머리를 땅에 박으라 했던 이는 나보다 일 년 늦게 기자가 됐고.

그렇긴 했는데 머리를 땅에 박아야 했던 이도 1987년에 대학에 들어갔어요. "주민등록이 일 년 늦었다"고 말했으니 나이는 되레 나보다 한 살 많았죠. 셋이 고만고만했던 건데 그는 입사가 삼사 년쯤 빨랐던 만큼 "대가리 박아!"라고 말할 수 있다고 생각했고, 거침없이 그리했습니다.

폭력이었죠. 말 한마디로 사람 머리를 땅에 박게 하다니. 그날 땅에 머리 박았던 이는 급기야 울었어요. 화나고 억울했지만 그 친구는 울밖에 달리 해 볼 게 없는 듯했습니다. 옆에서 말리던 나와 동료 여럿도 삼년 반쯤 앞서 입사한 그의 고집에 밀려 그저 지켜볼 수밖에 없었죠.

군대에서나 쓰이던 '원산폭격'을 신문사에서. 특히 군대에 다녀오지도 않은 남자가 거리낌 없이 동료 기자에게 "대가리 박으라니까!"라고 거듭 말할 수 있을 만큼 한국 사회에는 어처구니없는 위계가 가득합니다. 일제가 전쟁에 쓰려고 한반도에 뿌린 더러운 찌꺼기.

2014년 십일월 13일 그가 내게 전화했습니다. 웬일인지 물었더니 "당신이 궁금하니까 했지"라며. 나는 그해 팔월 말 신문사에서 해고된 뒤 복직 싸움에 한창이었죠. 서울지방노동위원회에 낸 부당해고 구제신청 결과를 기다리며 날마다 신문사 앞에서 손팻말을 들었어요. 부당한 해고니 바로잡으라고.

그는 "지금 쭉 하고 있는 게 너무 안타깝고 답답해서 (전화)한 거"라며 내게 "필요하다면, 회사에서 말하는 이런 이런 부분은 내가 인정한다"고 말하고 복직을 꾀하는 게 좋겠다고 권했습니다. 부당한 해고라는 내 외침을 접고 신문사 주장을 얼마간 인정해야 복직할 수 있을 거라는 자기 생각을 내 머리에 밀어 넣으려 했죠. "노동위가 '복직시켜라' 해도 회사가 할 것 같아? 예전 그대로 (기자로 복직)할 것 같아? 이 조직에서 일하고픈 생각이 있다면 서로 얼굴 붉히는 일은 없어야 하지 않을까 (하는) 생각이 들어, 좀 안타까워서 그래"라며.

겁박. 신문사의 누군가가 그에게 그리하라 주문했을까요. 그날 전화가 두 번째 겁박이었습니다. 그는 앞서 내 해고 사태가 일어났을 무렵 점심을 함께하자더니 비슷한 말을 했죠. 회사에 내 잘못을 인정한 뒤 뭔가 해결책을 찾는 게 좋겠다고. 나는 이른바 '내 잘

못'이란 게 회사가 만든 덫이자 터무니없는 부당노동 행위로 알았던 터라 그의 말을 도무지 받아들일 수 없었습니다. 가슴이 답답한 나머지 국밥 뜨던 숟가락을 내려놓을 수밖에 없었죠. 체할 것 같아서. 조용히.

그걸 기억해낸 그는 2014년 십일월 13일 전화기 너머에서 말했습니다. "나랑 있으면 소화도 안 된다며, 전에 밥 먹다가, 내가 얘기하고 있는데 밥 먹다 숟갈 팍 놓고"라고 되짚었어요. '아, 이 사람은 내 머리 위 하늘 같은 선배인 게 매우 중요하구나! 그것 말고는 달리 내게 끼칠 게 없겠네.'

나는 숟가락을 팍 놓지 않았습니다. 내려놓는 소리에 그의 마음이 상하기라도 할까 걱정돼 아주 천천히 내려놓았죠. 소리 나지 않게. "대가리 박아!"처럼 사람 위아래를 뚜렷이 나누곤 하는 그의 습속을 헤아렸던 거예요. 한데 두 번째 겁박에선 끝내 참아내기 어려웠습니다. 부당해고에 따른 복직 싸움에 한창인 내게 회사를 찾아가 잘못했다고 말하라니요. 도무지 받아들이거나 따를 수 없는 말이었습니다.

나는 그에게 말했죠. "선배 말이 나는 너무 불편했던 겁니다. 나를 위계로 누르려 했던 거 아닙니까"라고.

"너가 어떻게 했으면 좋겠다고 (내가 말)했잖아."

"무릎 꿇고 빌라는 얘깁니까?"

"나는 필요하다면, 회사에서 말하는 이런 이런 부분은 내가 인정한다….."

"내가 인정하면, 회사는 두 번째 세 번째 징계를 더할 수 있습니다."

"……내 생각이라고."

그는 안타까운 마음에 나를 위한다며 자기 생각이라는 걸 꾸준히 내밀었습니다. 회사에 내 잘못을 인정하라거나 반성하는 기미를 보이라거나.

"옛날(2010년)에 책 (<미디어 카르텔—민주주의가 사라진다>를) 냈을 때도 그렇고, 내가 한 얘기들이 있잖아."

"저를 위한다고 말하면서, 선배 방식으로만 하라는 건가요?"

"내가 판단했을 때 가장 효과적으로 원만하게 할 수 있을 것 같으니까 그렇지."

그는 오지랖 넓고 위계마저 단단했습니다. "대가리 박아!"처럼.

"나는 그렇게 생각한다고, 그렇게 안 하면 (회사에

서 다시) 일할 수 없을 것 같아서 그래."

거듭 겁박. 그때 나는, 선배는 하늘이니 같은 헛소리를 품고 그가 시키는 대로 했어야 좋았을까요. 부당해고 주장과 복직 싸움을 접고 회사에 잘못했다 말하며 고개 숙이고 웃었어야 합니까.

아니, 상식 밖에 선 건 '그'였습니다. 엿새 뒤인 2014년 십일월 19일 서울지방노동위원회는 신문사의 해고가 부당하다는 결론을 냈죠. 그 무렵까지 십구 년 오개월 동안 땀 흘린 나를 해고할 만한 까닭을 찾지 못했던 거예요. 나는 신문사 선배랍시고 높고 단단했던 그의 콧대와 어깨를 다시 보고 싶지 않습니다. 차갑고 딱딱한 그의 머리와 혀에서 우러난 말을 다시 듣고 싶지도 않고.

나는, 몹시 굳고 단단한 당신 생각이 올바르게 바뀌길 바랄 뿐입니다. 옳고 바르게. 한국 사회와 여성과 지구를 위해.

선배라던 그가 떠받친 신문사 사장은 내 부당해고 사건을 일으키기 전 2013년과 2014년 상반기 사이에 몇 차례 열린 노사협의회에서 갑자기 "우리 쉬하고 합시다"라고 말했습니다. 여성 노동자 대표가 맞은편에 있는 자리였음에도. '우리 잠깐 쉬었다 합시다' 쯤이면 넉넉했을 텐데 굳이 '쉬하고'를 쓴 것. 어린아이 말로 깔본 거죠. '너 같은 새까만 후배가 어디서 감히'라고 업신여겼고.

여성 노동자 대표는 그 신문사 노동조합 위원장이기도 했어요. 2011년 십일월 13일 밤, 기사에 불만을 가진 대기업 임원 전화에 밀린 사장이 멀쩡히 배달되던 다음 날 아침 자 신문을 되돌려 쓰레기통에 넣게 한 일이 있었는데, 그달 23일 이를 비판한 노조 성명서를 사내게시판에서 떼라는 요구를 하겠답시고 사장이 노동조합으로 위원장을 찾아갔습니다. 사장은 뜻을 이루지 못한 채 내가 일하던 노동조합사무실 맞은편 논설위원실로 들어와 푸념했죠. "애가 어려서 그런지 잘 안 통해 답답하다"고.

사장이 말한 '애'는 노동조합 위원장이자 노사협의회 노동자 대표였어요. 자신과 기자 선후배 사이였던 걸 뼛속에 담아둔 터라 '애'로 보고, 어린아이 어르듯 "쉬하고 합시다"라고 말했을 테죠. 일부러. 여성 위원장을 가장 나쁘고 비겁하게 혐오한 것으로 나는 봅니다.

사장은 내게도 매한가지였죠. 노사협의회에 노동

자 대표로 나간 내게 신문사 운영비용을 설명한답시고 "똥값, 물값, 많이 들어갑니다"라고 말했어요. 똥값. 화장실 쪽을 가리키며. 함부로 말해 '너도 새까만 후배 놈에 지나지 않는다'는 걸 방증하고 싶은 것으로 보였죠. "똥값" 내밀어, 귀찮고 거북한 노사협의회 흐름을 지배하고픈 사장의 속마음.

"넌 왜 창간 기념식에 안 왔냐?"

2013년 구월 23일 신문사 창간 31주년 기념식에 가지 않은 내게 사장이 다가와 한 말. "할 일이 좀 있어서…"라는 내 대답을 낚아채듯 사장은 "사장이 미워서 안 왔겠지"라고 말하고는 팽 돌아서 갔죠.

같은 신문사 기자였던 사장은 눈 아래에 사람이 없는 성싶었습니다. 오래전부터. 몹쓸 위계. 술 취해 제 분에 못 이기면 신문사 주차장 철문을 찼어요. '로보트 태권브이' 뱃속 '훈이'처럼 날아 차기로. 전봇대에 화풀이하기도 했고. "대가리 박아!" 같은 걸로 사람에게 화풀이하지 않은 건 그나마 다행이었죠. 그랬다면 그대로 놔둘 수 없는 일이었을 테고.

사장이 노동조합 위원장을 '애'로 깔본 날 논설위원실장이 사장에게 화답한답시고 말했습니다. "애들이 뭘 잘 모르죠"라고. 나는 둘을 향해 웃으며 말했습니다. "네, 선배보다 후배가 많이 모르게 마련이죠. 더 약하고요. 그래서 선배들이 후배를 품어주는 것 아닌가요. 지금 노조에서 말하는 것도 선배들이 잘 품어주셔야죠. 후배들은 편집권이 무너지면 신문 미래도 망가진다고 생각합니다. 독자가 외면할 테니까요"라고. 그날 사장과 논설위원실장이 신문사 미래를 걱정하는 내 애틋한 마음을 잘 알아들었을까요.

아버지의 설거지

"아버지, 지금 식사 다 하시고 설거지 준비하고 있어."

나 사는 곳에서 245킬로미터쯤 떨어진 전화기 너머 어머니 말씀. 2020년 시월 1일 추석 저녁나절에. 아버지와 함께 추석을 "편하게 잘 지냈다" 하셨죠. "큰아들 전화가 꼴찌"라 타박하셨고.

어머니 아버지는 설과 추석에 딸 하나 아들 둘 볼 마음을 접은 지 오래. "길 안 막힐 때 혹시 시간 되면 와." 십삼 사오 년쯤 전부터. 처음엔 몹시 힘들었습니다. 한동네 삼사오촌 모두 큰집에 모여 차례 상차림 하던 가족인지라. 설거짓거리도 산더미로 쌓여 어마어마했어요.

"이번 설엔 제 출장 때문에 어렵겠어요" 하는 꼼수로 시작해 "막힌 길에서 오래 운전하느라 제가 너무 힘들어요. 추석 한 주 뒤에 갈게요"로 징검돌을 놓기도 했죠. 미리 말씀드리지 않은 채 나 홀로 뵈러 가 크게 혼난 것도 여러 번.

그리 쌓인 아들 뜻 품어 주신 지 십삼 사오 년쯤 됐습니다. 홀가분히 큰아들만 와도 좋고, 아들 둘이 함께 오면 더 좋고, 큰아들의 아들까지 오면 더욱 좋아라 하셨죠. 아들 짝도 함께라면 더욱더. 이젠 차례 상차림과 설거지에 치이느니 맛난 먹을거리 파는 곳에서 얼굴 마주하고 한 번 더 웃고픈 걸 더불어 느끼는 듯싶습니다.

특히 아버지의 설거지. 처음 봤을 때 나는 깜짝 놀랐어요. 어릴 때 한 번도 본 적 없는 모습이라. 누가 하라 마라 할 것 없이 식사 뒤 싱크대 앞으로.

1941년생. 일제 강점과 한국전쟁과 이승만과 박정희와 전두환과 노태우 따위. 내 아버지 젊을 적 삶에 어쩌면 한 번도 없었을 설거지. 몹쓸 격식과 높낮이 따위가 이젠 쓸데없음을 몸으로 보여 주시니 나는 아버지께 고맙습니다. 기쁘기 그지없고. 가슴속에 그 모습 내내 간직할 것 같아요.

더 많은 한국 어른이 가부장 굴레 떨치길. 특히 설거지로부터. 여성과 남자가 나누어 할 일 따로 정해진 바 없다는 걸 느끼길.

여성 짝이 집안일 도맡아 꾸리고 남자가 바깥일 해 돈 버는 짜임새는 자본가가 놓은 덫이었습니다. 사 오륙백 년 전 자본주의와 근대 산업 사회가 싹터 자랄 때 짜였어요. 더 많은 기계를 더욱 오래 돌려 돈을 더욱더 많이 남기려면 일꾼이 튼튼해야 했는데, 자본가는 노동자 몸을 굳세게 하는 데엔 돈 쓸 생각이 조금도 없었죠. 품삯을 되도록 푼돈으로 때워야 자기 돈이 더 늘어날 텐데 일꾼 몸에까지 마음 쓸 겨를 있었겠습니까.

가을철 새로 돋은 짐승 털만큼도 없었습니다. 그 짓이 사람—노동자—잡고 사회 흔들어 끝내 자신마저 어려워질 줄은 꿈에도 생각지 못했죠. 탐욕 때문에. 그 짓이 일꾼 잡고 사회 흔들어 자기마저 어려워질 수 있는 걸 알면서도 여태 모르는 척해요. 여성이 있어서. 밥 챙기고 옷 빨며 방 깨끗하도록 애쓴 여성 짝 덕에 매일 아침 단단한 몸 되찾은 남자 일꾼이 다시 공장에 나타나니까.

손에 쥔 돈에 맞춰 살아가자니 바깥일하는 남자 일꾼 몸과 마음을 집안일하는 여성 짝이 보살펴야 하는 짜임새. 따로 받는 대가 없이. 자본가의 덫이자 꼼수요, 탐욕이 부른 얼굴 돌림.

바깥 일꾼 남자와 집안일 도맡는 여성 짝으로 짜인 덫 안에 든 사람. 우리는, 덫 안 삶이 마땅한 줄 알았습니다. 돈 더 달라 하지 않고 주는 대로 받아서는 알아서 참고 아끼며 겨우겨우 꾸려 가는 삶. 여성 짝에게 온통 떠넘긴 집안일 덤터기엔 아무런 값도 치르지 않은 채. 돈 줄 수 없는 하찮은 일이라 윽박지르며. 실제로 1937년 영국 탄광 르포르타주 <위건 부두로 가는 길>에서 조지 오웰은 "노동 계급의 가정에서는 남자가 가사의 일부를 맡아서 하는 경우를 도무지 볼 수 없다"고 알렸죠. 그는 "이런 관행은 실업 때문에 바뀌는 게 아니며, 때문에 표면적으로는 좀 부당해 보이기도 한다"며 "남자는 아침부터 저녁까지 빈둥거려도 여자는 변함없이 바쁘며, 그것도 살림이 더 빠듯해졌으니 더욱 바쁘다"고 전했습니다.

자본가와 남자 짝이 집 안팎에서 모르는 척 눙친 짬짜미나 매한가지였죠. 바깥일 무겁고 집안일 가볍게 여긴 흐름이 남자에게 매우 좋았으니까.

한데 생각해 봅시다. 설거지할 게 쌓여 냄새나니 벌레 꼬이고, 곳곳에 곰팡이 슬어 숨 쉬는 족족 퀴퀴한 집에서 밥 먹을 수 있나요. 잘 수는 있습니까. 거기서 먹고 잔 몸이 다음 날 아침에 생생하던가요. 얼굴에 핏기는 있습디까. 먹고 자는 삶터가 무너져 쓰레기터 되면 사람도 망가지게 마련이죠. 제대로 먹거나 자지 못했는데 뭘 할 수 있겠습니까. 스러지고 말 겁니다. 누구나. 오래 버틸 수 없을 터.

삶터를 잘 꾸려 나가는 노동. 집안일이죠. 밥하고 설거지하며 빨래하는 거. 집을 숨 제대로 쉴 곳으로 꾸리는 움직임. 곳곳 깨끗하게 닦는 거. 홀로 살든 둘이든 세넷이든. 집안일은 사람 본디 모습과 삶을 오롯이 지켜 낼 바탕 몸짓입니다. 내가 할 일이요 짝과 같이 할 움직임.

돕는다는 생각 버리고. 웃으며. 설거지로부터 함께.

서울 간 누이

"넷째는 밭일하다 고랑에 낳았어."

한국 옛 어머니 아버지 사이에서 종종 들리던 말입니다. 옛날엔 달이 차 배가 몹시 불렀음에도 논밭에 나가서 일하다가 아이를 낳고는 했다는 얘기. 그다지 오래전도 아니에요. 한국전쟁 뒤 1960년대까지 이어졌으니까. 육칠십 년 전에 지나지 않죠.

셋째 딸이나 넷째 아들을 밭고랑에 낳을 만큼 20세기 한반도에는 '온 가족 농사'가 보통이었습니다. 가발이다 옷이다 해서 누이가 서울로 가고, 자동차다 배다 해서 오빠가 울산으로 떠밀리기 전까지 그랬죠. 어머니 아버지는 말할 것도 없고 일고여덟째 고사리손마저 함께 농사지어 나눠 먹는 삶. 가족이 열 명은 되어야 웬만큼 씨 뿌려 기르고 거둘 수 있을 거라 생각했습니다. 그쯤으로도 삶이 넉넉해 온 가족 농사가 죽이어졌다면 지금 우리 사는 모습이 많이 달랐겠죠. 지구도 좀 더 깨끗했을 테고.

어디 그랬나요. 가진 돈 불리려는 자본가 탐욕이 짠덫에 누이와 오빠가 잇따라 갇혔습니다. "산업 역군"

이네 "수출 전사"네 하는 말에 어깨 추어올리며 뿌듯했던 건 아주 잠깐. 노동자가 속병 들고 다쳐도, 일하다 죽어도 자본가는 나 몰라라 먼 산 바라보기 일쑤였죠. 권력은 뒷짐 진 채 정치자금을 노렸고.

뿐인가요. 누이는 결혼하면 가발과 옷 모두 내려놓고 집으로 떠밀려 들어갔습니다. 시간 흘러 사무직과 전문직 꿰찬 여성 일꾼이 늘어났지만 결혼하면 또다시 그만. 집으로 등 떠밀린 이가 많았죠. 남자 짝을 위해. 집안일 하러. 쓸고 닦고 빨고 밥하고 설거지하고. 애 키우며.

21세기에도 흐름이 크게 바뀌지 않은 듯싶습니다. 정아은은 <당신이 집에서 논다는 거짓말>에서 "사회는 갓난쟁이를 둔 여성에게 집으로 돌아가라는 사이렌을 열성적으로 울려 대지만, 엄마로만 사는 10여 년이 흐르고 여성이 엄마가 아닌 다른 정체성을 요하기 시작하면 차갑게 외면한다. '집으로 돌아가는 것까지는 좋았어. 하지만 그다음부터는 내 알 바 아니거든'이라고 말하는 셈"이라고 짚었죠. 그는 "집안일을 좋아하지 않는" 사람이에요. "잘하지 못하고, 잘하고 싶은 마음도 없다"고 덧붙였습니다. 특히 "아이들에게 영양가 있는 음식을 먹이고 싶다는 목적의식이 치솟아 오를 때는 일시적으로 요리를 잘하고 싶다는 열망에 잠기기도 하지만, 그 기운이 가라앉으면 집안일은 바로 짐이자 부담, 하기 싫은데 해야 하는 천형으로 변한다"고 썼죠. 천형(天刑). 하늘이 내린다는 큰 벌. '천벌'이라고도 하는. 집에 매여 사는 게 천벌로 느껴질 만큼 집안일은 무겁습니다. 짐 진 이를 괴롭혀요. 몸을. 마음까지.

　<빨래하는 페미니즘>을 쓴 스테퍼니 스탈도 "지루할 정도로 단조로운 날들이 이어졌다. 내 인생은 해도 해도 끝나지 않는 반복적 가사 노동에 저당 잡혀 버렸다. 언제부터인가 그 너머의 미래를 그릴 수 없게 된 것이다. 나라는 인간의 윤곽이 하루하루 눈에 띄게 사라지는 듯했다"는군요. 볼모가 되고 앞날마저 흐릿해 사람 모습까지 지울 성싶은 집안일.

　천형 같은 데다 볼모 될 짐 떠넘겼는데, 우리는, 자기 일 내려놓고 집으로 간 여성 노동자에게 알맞은 대가를 치렀습니까. 평생 쓸고 닦고 빨고 밥하고 설거지한 살림살이 일꾼에게 알맞은 대가를 치렀나요. 그에게 고맙다고 말하긴 했습니까. 그를 존중하긴 했나요.

아니오. 우리는, 얼굴 돌리고 말았습니다. 모른 척했죠. 태반이, 아니, 열에 여덟아홉이.

권력은 늘 "복지"를 말했지만 집에서 설거지하는 사람까지 정책 탁자에 올리진 않았습니다. 집안일은 그냥 그 집 속 사람끼리 알아서들 해낼 노동으로 떠넘겼어요. 홀로 사는 집이든 둘이든 세넷이든 여럿이든. 외면. 또는 무식(無識). 나라 안 가장 무거운 바탕임에도.

복지(福祉). 행복한 삶. 누구나 두루 모자람 없이 넉넉한 삶을 느껴 함께 흐뭇해야 합니다. '누구나'로부터 집에서 설거지 많이 하는 사람을 빼어선 안 될 말. 그가 받아 마땅한 사랑과 존경과 대가를 곰곰 찾아내야 할 때가 됐어요. <나의 첫 젠더 수업>을 쓴 김고연주는 "우리나라 법원은 (2017년) 현재 전업주부 가사 노동의 가치를 매길 때 일용직 건설 노동자의 일당을 참고한다"며 "2017년 상반기 현재 그 임금이 10만 2,638원이고, 가사 노동에 휴일이 없는 점을 감안하면 전업주부의 법적 연봉은 3,745만 원"이라고 짚었죠. 3,745만 원. 매우 적네요. 일용직 건설 노동자 하루 품삯을 '참고'하고 말 게 아니라 전업주부가 집안일을 하려고 몸을 얼마나 오랫동안 움직이는지부터 살펴야겠습니다. 고루 살핀 걸 바탕 삼아 집안일이 어떤 노동에 버금갈 움직임인지를 정해야겠죠. 모두 같이. 함께 생각 넓혀 갈 씨앗부터 찾자는 뜻이에요.

박정훈은 <친절하게 웃어주면 결혼까지 생각하는 남자들>에서 "남성들이 무형의 불로소득을 기반으로 일에 집중하면서 안정된 사회적 기반을 획득할 때, 여성들은 남성과 가족에게 가사와 돌봄 노동을 공급하며 자신의 사회적 가치가 떨어짐을 감수해야 한다"며 "남성들의 사회적 성취를 온전히 '그 남성의 것'이라고 볼 수만은 없는 이유"라고 짚었습니다. <예민해도 괜찮아>를 쓴 이은의도 "여성의 가사 노동은 남성의 경제적 부양에 비해 가치가 덜한 노동이 아니다. 여성이 가사와 육아에 전념하는 것은 부부 사이에서 합리적인 분업과 분담을 한 결과물"이라며 "그래서 10년 이상 함께한 부부일 경우, 어느 한쪽이 해 온 가사노동의 가치를 부부가 축적해 온 경제활동 결과의 절반으로 계산하는 것"이라고 알렸죠. '일용직 건설 노동자 하루 일당'을 참고하는 데 그친 집안일 가치를 더 깊고 더욱 넓게 살펴 새 기준을 마련해야 할 까닭이 자고 넘칩니다. 특히 김현미는 <젠더와 사회>에서

"가족 내에서 '무임'으로 행해지는 돌봄 노동은 사회로 나와 '시장화'되더라도, 노동의 값어치가 낮게 책정된다"고 봤어요. 우리 함께 눈길 두고 꼼꼼히 짚어 집안일 가치가 본디 무게를 찾도록 해야겠습니다.

<이퀄리아>를 쓴 캐서린 메이어는 "영국에서는 1975년에 성차별금지법과 고용보호법이 통과됐다. 이로써 임신에 따른 해고를 방지하고 유급 육아 휴직을 보장하는 등 직장에서의 새로운 권리가 자리 잡았다"고 알렸어요. "2003년에는 영국의 아빠들도 육아 휴직을 할 수 있게 됐다. 그리고 2015년에 새로운 법규가 마련되면서 부모가 유급 휴가를 나눠 쓸 수 있는 길이 마련됐다"고 썼고. 특히 "스웨덴은 1974년부터 그런 정책을 시행했다"고 잇댔습니다. 애너벨 크랩도 <아내 가뭄>에서 "1993년 남성 육아 휴직 의무화를 도입해 남성들이 휴가를 낼 수밖에 없게 만든 나라가 바로 노르웨이"라고 알렸죠. 어떻습니까. 영국·스웨덴·노르웨이와 어깨 나란한 경제협력개발기구(OECD) 회원국인 걸 뿌듯해하는 한국도 바다 건너 나라에서 1974년과 1975년과 1993년에 생긴 어린이 품어 키우기 정책 한두 개쯤은 이제 넉넉히 해낼 때가

되지 않았나요. 직장에서 아무런 눈치 보지 않고 육아 휴직 같은 걸 마땅히 찾아 누릴 수 있게.

집안일을 나라가 온전히 해내는 날을 나는 꿈꿉니다. 시민 모두 집안일과 어린이 기르기로부터 놓여나는 날. 마음 같아선 단숨에 이루고 싶어요. 음. 한걸음에 닿기 어려우니 집안일 대가를 나라가 챙겨주는 것부터 꿈꿔야겠죠. 나라가 집안일과 어린이 기르기를 좀 더 많이 해내야 마땅하다는 생각을 여러 사람과 나누고. 당신도 함께해주시겠습니까.

지구

느낌 옵니다. 풀빛. 내 삶 나아갈 쪽. 덜 먹고 덜 버리는 거. 세상에 내 짐 덜 지우는 삶을 고민하죠.

프라이팬에 둘러 쓴 기름을 묽게 하려면 깨끗한 물이 2만7,000배쯤 있어야 한다고 들었습니다. 무려 19만8,000배쯤 있어야 한다는 얘기도 있더군요. 말하는 이에 따라 배수가 크게 달라 좀 어지럽긴 한데 '물이 많이 쓰인다'는 걸 내보이려는 뜻은 잘 짚이죠. 부엌 싱크대 아래로 빠져나간 기름에 오로지 물만 섞이는 게 아니어서 양을 딱 맞게 헤아리기 어려운 데다 기름이 얼마나 묽어진 때를 목표로 두느냐에 따른 차이일 성싶습니다. 물뿐만 아니라 눈에 보이지 않는 온갖 생물이 기름을 먹고 뱉어 낱낱이 나누는 데 힘을 보탤 테니까. 묽어진 기름이 섞인 물에서 물고기가 살 수 있을 즈음이면 넉넉할 것으로 볼지, 더 깨끗한 물을 바랄지가 그때그때 다르기도 하고.

아무튼 나는 프라이팬에 둘러 쓴 기름을 수챗구멍으로 내보낼 때마다 2만7,000배쯤 지구에 짐을 지우는 것 같아 큰일이에요. 그게 꼭 2만7,000배가 아닌 걸 알지만 자꾸 숫자가 붉어져 가슴에 얹히는 겁니다. 죄짓는 듯 마음이 쓰린 거죠.

짐 좀 덜고 싶어 '친환경'과 '베이킹 소다'와 '식초' 딱지가 새겨진 세제를 찾긴 한다지만, 그게 또 마음에 딱 닿는 열쇠는 아닌 듯싶어요. 베이킹 소다가 물에 녹아 나트륨과 탄산수소 이온으로 나뉜 뒤엔 강과 바다를 깨끗하게 하는 효과도 있다지만, 그게 또 어디 비눗물을 아예 내보내지 않는 것에 견주겠습니까. (내가 친환경과 식초 같은 것에 눈길 주기 전에 이미 베이킹 소다와 '과탄산소다'를 찾아 쓰고 있던 짝에게 고맙습니다.)

물 부영양화(富營養化) 바탕이라는 국물이나 음식물 찌꺼기를 줄이려 애쓰기도 하죠. 먹을거리 맛을 돋

우는 데 쓰인 마늘과 파와 양념 따위를 모두 삼키려 하고. 국물까지 다. 싱크대 수챗구멍으로 내려보내는 찌꺼기를 더 줄여보겠다는 건데 신통친 않아요. 늘 마음에 가득 찰 만큼 말끔히 먹지 못하기 때문이죠. 짜게 먹은 나머지 나중에 물 들이켜느라 숨 가빠지기도 하고. 그렇다고 아예 먹지 않고 살 길도 없으니 이거야 원.

적게 먹으며 버틸 생각도 그다지 깊지 않은 걸 보면 나는 참 게으릅니다. 냉장고를 없앤 뒤 "집에선 '말라 비틀어진 야채'만 만들기로 했다"는 이나가키 에미코 같은 사람은 정말 어마어마하죠. 책에 담긴 '그가 전기 없이 사는 모습'을 가만히 바라보는데, 나는 그쪽으로 한두 걸음 다가설 수나 있을지 모르겠습니다. 두려워요. 한 발짝 떼지도 못한 채 주저앉고 말 듯해서.

삶 크기

뭘 할 수 있겠습니까. 곰곰. 싱크대 둘레부터 살폈습니다. 그릇과 접시와 물컵을 가만히 보고. 숟가락 젓가락과 부엌 바닥으로 눈길 옮겨 보기도 했죠. 뒤로 조금씩 물러나며 집 여기저기를 죽 더듬었어요. 몸 감싼 옷과 천장 등불과 책장 책과 화장실 수도꼭지에까지. 음. 화장실 샴푸에서 '식물 유래 계면활성제' 알림이 눈에 띄어 마음이 아주 조금 가라앉았다가 엊그제 쓴 표백제 생각에 이내 뒤숭숭해졌죠. 마음 조금 가라앉을 만한 건 댓 손가락에 꼽힐 뿐. 집 안 곳곳에서 어수선한 게 불쑥불쑥했습니다. 음. '삶 크기를 줄이는 게 답 아닐까.'

2020년 오월 햇살 좋던 날. 84.82제곱미터짜리에서 53.92제곱미터짜리로 사는 곳을 옮겼습니다. 삶 크기를 줄이려는 생각을 오래전부터 하긴 했되 실제로 움직이지는 못했는데, 형편에 밀린 김에 확 줄여본 거예요. 옮길 곳 넓이가 살던 집의 절반인 42.41제곱미터보다 11.51제곱미터가 크니 사람 움직일 공간을 반쯤 줄이면 넉넉할 것으로 어림잡았죠.

웬걸, 그날 짝과 벗과 나는 끝없이 들어오는 짐에 넋 나간 듯 몸 굳고 말았어요. 덩치 큰 가구 두 개를 버렸고 이것저것 미리 없앤 게 적잖았는데도 새집 53.92제곱미터에 짐 꽉 찬 나머지 곧 터질 성싶었죠. '대체 이 많은 짐이 어디서 다 온 거람.' 셋은, 특히 짝과 나는 벌어진 입을 도무지 다물 수 없었습니다.

한숨. 또 한숨. 짐을 이리 쌓고 저리 줄 세우며 집 안에 겨우 길을 냈어요. 사람 하나 오갈 만큼. 좀 더 쌓고 욱여넣어 세 사람 누울 자리를 만들었죠. 누워 생각했습니다. '이 많은 걸 다 머리에 이고 살아야 하나.'

버려야 살겠더군요. 어쩔 수 없었습니다. 이십일 년 묵은 장롱 세 개를 버렸어요. 워낙 덩치가 컸고 오래된 냄새까지 났으니 눈길이 먼저 닿은 거죠. 생긴 그대로는 도무지 내보낼 수 없어 문짝과 서랍 따위를 낱낱이 나눠 내놓았습니다. 한 꾸러미로 간추려 노란 '대형 폐기물 딱지'를 붙였죠. 일주일에 하나씩 삼 주나 걸렸어요. 마치 이십일 년 세월과 먼지를 함께 버린 듯했죠. 그 뒤 장롱 안에서 나온 옷과 이불 등속을 다시 넣어 둘 가구를 조금 홀쭉한 것으로 샀습니다. 넣어 둘 옷과 이불 등속을 덜기도 했으니 집에 빈 곳이 조금 열렸죠. 넉넉하지 않지만 그리 조금씩 열어 갈밖에 달리 해볼 게 없을 듯합니다. 새로 산 가구로는 나머지 삶 내내 잘 버텨보려 하고.

특히 책. 책꽂이에 꽂아 뒀되 두 번 읽지 않을 성싶은 것부터―죄송하지만 어머니 아버지 집으로―옮겼습니다. 5분의 4쯤. 오래된 게 많아 공공 도서관에 기증하기도 어렵고, 무턱으로 버릴 수도 없겠고. 몹시 애를 태웠되 나머지 5분의 1을 가만히 바라보니 또 이게, 더 옮겨도 되겠더군요. 곰곰 짚어보니 생각보다 두 번 읽고픈 것 많지 않고, 다른 글 쓰다가 도움 얻을 만한 건 그때그때 도서관에서 빌리면 되겠다 싶었죠.

틈 날 때마다 책장을 조용히 바라보며 더 옮길 만한 책 헤아립니다. 어머니 아버지 집 책장 앞에 서면 또 이걸 다 어찌해야 할지 몰라 걱정일 테지만 당장은 짝과 벗과 내가 사는 집에 빈 곳을 좀 더 열어 숨 트는 게 급했죠. 뜻밖에 일이 잘된 건 "한두 권씩 아들 책을 읽어본다"는 어머니 말씀 들려온 것. 나중에 모두 치울 때 재미있고 이로운 책으로 몇 권 남겨 드려야겠습니다. 즐겁게.

짝과 벗 물건은 내 마음대로 건드릴 수 없죠. 가볍게 "이거 쓰는 건가?"라거나 넌지시 "요건 버려도 되겠네"라고 건드려보지만 아직 큰 열매를 따지 못했어요. 넌지시 가볍게 물었다가 이크, 놀라 뒤로 성큼 물러날 때가 많습니다. 내 보기엔 '넌지시'였는데, 실제로는 오래되었되 꼭 있어야 할 가구 같은 걸 '섣불리'

건드렸던 거죠.

다 비우고 싶은 마음은 굴뚝같은데 갈 길 참 먼 걸 나는 느낍니다. 마땅히 그렇겠죠. 내가 집안일을 온전히 품고 해온 게 아닌데 버릴 수 있거나 남겨 둘 걸 어찌 다 알겠습니까. 조금씩 더 움직이며 짝과 함께 숨 터보겠습니다. 벗도 같이. 벗은 집 나가 홀로 서기 전까지.

숨 좀 튼 뒤엔 지구에 짐 더 지우지 않게 애쓰겠습니다. 특히 덜 먹는 거. 탄소 덜 뿜어내는 먹을거리 찾는 것까지.

먹는 걸 줄이면 찌꺼기를 적게 내보낼 수 있을 테고 설거짓거리도 절로 줄지 않겠습니까. 설거지는 귀찮고 힘들어 늘 괴롭습니다.

지구 씻는 설거지맨

지구가 뜨거워져 가쁜 숨 몰아쉬죠. 사람 때문에 더욱 힘든 지구를 위해 우리가 서둘러 그만둬야 할 건 핵발전입니다. 이미 저질러 놓은 걸 말끔히 없앨 수도 없는 터라 가장 무겁고 두려워요. 핵발전이 메탄과 이산

화탄소 같은 온실가스를 적게 내뿜으니 지구에 얼마간 도움이 될 것으로 보는 이도 있지만, 그는 하나만 알 뿐이에요. 둘을 알지언정 일부러 입 다물었거나.

핵발전에 쓰고 남은 고준위 방사성 폐기물은 방사선을 내뿜어 자연을 깨뜨리고 사람을 죽이니 일만 년 넘어 십만 년쯤 따로 떼어 놓아야 하죠. 중저준위 방사성 폐기물도 자연과 사람 사는 곳에 닿지 않게 콘크리트 같은 걸로 꽁꽁 싸맨 채 삼백 년에서 사백 년쯤 쭉 지켜봐야 해요. 그나마 이건 사람 옆에 바투 둬도 괜찮을 때를 말하는 것도 아닙니다. 방사성 원소 원자 수가 처음의 반으로 줄어드는 시간—반감기(半減期)—에 지나지 않죠. 핵연료로 쓰고 남은 플루토늄은 반감기가 무려 2만4,000년. 나머지 반까지 헤아리면 이게 대체 언제 끝날지, 그 사이 무슨 일 생길지 도무지 헤아릴 수 없을 시간이에요. 그동안 사람이 무엇인가를 새지 않게 꽉 틀어막아 둔 채 삼사백 년 넘어 수만 년까지 버틴 적 있습니까. 없죠. 나는 사람이 해낼 수 없을 일로 봅니다.

방사성 폐기물. 더 못 쓰게 돼 버린다고 말하지만 사실은 도무지 버릴 방법이 없어 지구가 일만 년 넘게 끌어안고 있어야 할 물건. 핵발전을 '원자력발전'으로 뭉뚱그린 뒤 탄소 배출 적고 경제성 있는 전기 생산 수단으로 꾸며온 이들은 되도록 말하지 않는 쓰레기죠. 하지만 1그램으로 4,000명을 죽일 수 있을 만큼 더러운 플루토늄은 앞으로 2만4,000년 넘게 지구 위 모든 사람 목숨을 으를 겁니다. 자연도 더불어. 실제로 빌 브라이슨은 <거의 모든 것의 역사>에서 "플루토늄에 대한 우리의 허용 한계는 0이다. 즉 아무리 조금만 섭취하더라도 죽음에 이른다"고 짚었죠. "우리는 지구상의 자연에 존재하지 않는 원소들에 대해서는 허용하지 않도록 진화해왔기 때문에 그런 원소들은 플루토늄의 경우처럼 우리에게 매우 강한 독성을 나타낸다"는 거예요. 사람이 세상에 없던 플루토늄을 만들고는 그걸 끌어안은 채 죽어 갑니다.

1979년 사고로 발전을 멈춘 뒤 뜯어 없애기로 한 미국 스리마일 핵발전소. 발전소 안 방사성 물질을 없애는 데에만 십사 년이 걸렸고 아직 갈 길이 멀죠. 방사능 세기가 여태 줄지 않아 발전소 뜯기를 제대로 시작하지도 못했습니다. 2079년쯤에나 발전소를 없앨 수 있을 거라는군요. 내내 매달려 애써도 백 년이 걸린다는 얘기 아닙니까. 1986년 사고로 세상을 뒤집은 러시아 체르노빌 핵발전소는 삼십오 년째 콘크리트로 덮어 뒀을 뿐이죠. 발전소를 뜯어 없앨 생각은 아예 하지도 못하고 있습니다.

가늠하기 어려울 만큼 무서운 일이었는데 삼십오 년쯤 지나 잊힌 걸까요. 가늠하기 어려울 만큼 큰일이었는데 저 멀리 러시아에서 일어났기에 걱정 무뎌진 겁니까. 핵발전으로 자기 자리 키우고 지키려는 사람들 목소리가 다시 커졌습니다. 지난 삼십오 년 동안 잊히고 무뎌진 틈을 파고들었겠죠. 한데 2011년 삼월 11일 지진과 쓰나미에 연료봉까지 녹아내린 후쿠시마 핵발전소 사태마저 벌써 잊힌 건가요. 십 년 전에 지나지 않고 가까운 일본에서 일어났음에도 걱정 무뎌진 겁니까.

사고 뒤 삼 개월 만인 2011년 유월 후쿠시마에 사는 여섯 여성 모유에 '방사성 세슘'이 섞여 있었습니다. 몸속으로 파고든 방사능. 한데 지금은 조용하죠. 2020년에 얻지 못한 도쿄 올림픽 잇속을 2021년에라도 채우려는 자본과 권력의 욕심이 후쿠시마 시민 아픔과 목소리를 짓누른 것일까요. 십 년여 만에 연료봉

녹아내린 핵발전소의 끔찍한 모습마저 다 잊힌 듯합니다. 후쿠시마 핵발전소 방사능에 물든 물을 바다로 흘려보낸다는 얘기나 들려올 뿐이니. 우리 이제 어쩌면 좋을까요.

한때 인기 있던 '슈퍼맨' 생각이 납니다. 팬픽션 (Fan-fiction)이라 할 오래전 만화 가운데 슈퍼맨이 도시를 집어삼킬 듯한 해일을 잠재우고 더러운 공기를 다 빨아들여서는 지구 밖 우주에 뱉는 게 있었어요. 헛되고 터무니없지만 그리하고픈 마음은 굴뚝같습니다. 지구 안 온갖 더러운 걸 우주에 버려주는—슈퍼맨 같은—'설거지맨.' 지구 더러워진 곳 뒷설거지 좀 해주십사 하는. 지금 이대로는 도무지 길이 보이지 않아서. 지금 이대로는 아무리 해도 앞날 어두울 성싶어.

2020년 십일월 20일 <한겨레> 논설위원 안영춘이 '국회의사당에 원전을 짓자'고 썼더군요. 언젠가 그와 막걸리 나눠 먹던 자리에서 나는 "핵발전소 더 만들자는 정치인, 그 말에 겯장구 치는 관료, '원자력 마피아'에 속해 잘사는 사람을 월성이나 고리 핵발전소 옆에 살게 하면 좋겠다"고 손가락 꼽아가며 말한 듯싶습니다. "그들이 거기 살면서도 핵발전 더 하자고 말

할지 몹시 궁금하다"고 덧붙인 성싶고. 이천 사 오륙 년쯤부터 입버릇 된 내 푸념에 안영춘은 "여의도 국회 자리"를 말했는데, 기어이 신문 칼럼에 "여의도 국회 터가 원전의 입지 조건을 완벽하게 충족한다는 건 알 만한 사람은 다 안다"고 썼죠. 이런 사람이 지구 씻으려 팔 걷고 나서지 않을까요.

한국은 옛 과학기술부에서 원자력 진흥 정책을 짜던 원자력국장이 핵발전 규제 기관인 원자력안전위원회 위원장이 되고, 옛 산업자원부에서 핵발전 진흥 정책을 대변하던 고위 공무원이 핵발전소 짓고 돌리는 한국수력원자력 사장이 되는 나라입니다. 핵발전 진흥과 규제와 운영을 맡아 하는 사람이 쳇바퀴 짜임새를 이룬 나라. "안전합니다." 알음알음으로 삼사십 년 동안 핵발전 품은 사람끼리 되풀이한 말. 나는 그러나 그들의 '안전'이 믿기지 않았죠. 쳇바퀴 알음알음 짜임새였으니까. 규제와 진흥 얼개가 그러한데 어찌 다 믿어줄 수 있나요. 크고 작은 핵발전 사고도 끊이지 않았잖습니까. 한데 그들은 "안전하다"는 말만 되풀이했을 뿐 자신의 '안전 실체'를 시민 눈앞에 제대로 내보인 적도 없습니다.

2020년 일월 4일 영화 <월성> 감독 남태제와 잠깐 마주한 자리에서도 얼핏 비슷한 얘기를 나눈 것 같습니다. 월성 핵발전소가 저만치 눈에 밟히는 곳, 1킬로미터 안팎에 사는 시민 아픔에 귀 기울인 그. 지구 씻으려 팔 걷고 나선 사람이죠. 지구 겉쪽 땅을 굳건히 딛고 선 올곧은 '설거지맨.' 그에게 고마워요.

나도 할 수 있는 것 해보겠습니다. 설거지맨으로 살고자. 지구 씻는 사람 움직임 보고 배우며. 생각도 좀 하고요.

보따리 든 남자

1980년 십이월 보름께. 자전거 탄 사람 따라오는 달을 맛본 밤이었습니다. 내 어머니의 남자 동생 명선은 산골 살던 첫사랑 순옥의 어머니를 찾아갔어요. 스물넷 동갑내기 순옥과 결혼하고 싶다는 말 하려고.

혹 일이 잘 안 될까 속을 좀 끓였을까요. 명선이 내게 물었죠. "같이 갈래?" 홀로 문지방 넘을 일 걱정돼 열두 살짜리 어린이를 옆에 낄 생각이었던 듯싶습니다. "안 되네" 같은 말 앞에 세울 방패 구실로. 하긴 겨울밤 달빛에 얼굴 붉힌 채 찾아온 어린 손님에게 야멸찬 어른 어디 있겠습니까. 순옥의 두 동생도 "귀엽다" 해줘 방 안 공기를 데웠으니 나름 좋은 꾀였죠.

순옥과 명선은 이듬해 가을 짝을 이뤘습니다. 대학 사학년이던 명선이 서울에 직장을 잡자마자 결혼했어요.

나는 칠 년 만인 1987년 순옥의 어머니를 다시 뵀습니다. 서울 우이동 옛 신경여자상업고등학교 가까운 곳에서. 그의 큰딸 순옥과 사위 된 명선이 살던 동네였죠. 나는 순옥과 명선이 마련해 순옥의 어머니와 함께 살던 셋집에 기대어 대학살이를 시작했고요.

1988년 봄. 순옥과 명선이 셋집을 큰길—삼양로— 건너편 쌍문동 안쪽 깊숙한 곳 주택 2층으로 옮겼습니다. 백운시장과 덕성여대 사이 언덕바지인 데다 1층 주인집 마당을 가로지른 뒤 가파른 철 계단까지 밟고 오르느라 숨 가쁜 집. 수고로웠되 2층 베란다에 올라서 눈길 돌리면 저 멀리 북한산 꼭대기 흐름이 자근자근 밟히는 곳이었죠. 다 좋았어요. 언덕배기 새소리에 솔바람 소리까지 들렸으니까. 강파른 철 층계는 빼고.

아침 잠결에. 순옥이 뭔가 끓이는 소리와 냄새. 명선은 이미 출근한 성싶고. 당신 귀빠진 날이라 동네 친구 여럿과 나눠 먹을 떡 하러 방앗간에 간다… 하는 순옥의 어머니. "응, 엄마, 조심하셔어"라는 듯싶은 순옥 말 어렴풋.

쿵.

…….

솔바람 숨죽였고. 새까지 놀랐을까. 고요.

미심쩍은 소리에 후다닥 베란다로 나선 순옥. "엄마!" 우당탕퉁탕 철 계단 내려밟는 소리. "엄마, 엄마!" 울음까지.

꿈결 깨고 벌떡 일어난 나. 후다닥 우당탕퉁탕 마당으로 내려가 순옥의 어머니를 등에 업었습니다. 의식 잃은 그의 귀에서 피가 조금 흘러나온 게 보였죠.

문 두드려 만난 동네 의원 의사는 "머리 안에서 뭉치지 않고 출혈이 있어 그나마 다행"인데 의식이 돌아오지 않으니 "빨리 병원으로 가라" 했습니다. 그가 미리 전화해둔 병원은 미아동 신일고등학교에 못 미친 곳. 순옥은 몹시 급한 나머지 구급차 아닌 택시를 잡았죠. 나는 순옥의 어머니를 등에 다시 업었고. 빨리 움직인 덕이었을까. 순옥의 어머니는 병원 응급실에 잘 닿아 더 큰일로 이어지지 않았습니다.

그제야 나는 바짝 움츠렸던 힘줄과 살과 마음과 숨을 조금 텄죠. 가만 보니 순옥도 숨 좀 돌린 듯했어요.

나는 그에게 천천히 다가가 말했죠. "숙모, 저 오늘 오전 수업 있어서 학교 가야 하는데…."

"어, 그래. 고생했다. 어서 가."

순옥은 숨 좀 돌렸되 여전히 근심에 잠겨 목소리가 무거웠습니다. 내가 그에게 "학교에 가야 한다"고 말한 본뜻을 헤아리지 못했어요. 나는 놀란 그가 마음을 잘 가다듬도록 조심스레 말했죠. "(여기서 집에 갈) 버스비 좀 주세요."

천 원짜리 한 장 손에 쥔 나는, 병원을 나서기 전 화장실 거울 앞에 섰습니다.

아이고오. 오른쪽으로 누워 자 버릇하더니 어김없이 옆머리와 뒤통수 사이에 새집을 지었더군요. 이런. 하얀 러닝셔츠만 입은 채였죠. 민소매인 데다 오른쪽 겨드랑이 아래쪽이 축 늘어진. 제길. 잠옷으로만 쓰던 하얗고 큰 테니스 반바지는 늘 허리 아래 엉치뼈에 걸치더니 어김없이 내려가 있더군요. 으아, 이건, 이건 안 돼. 내 발이 순옥의 통굽 슬리퍼를 꿰고 있지 뭡니까. 길이가 짧고 굽이 높아 내 뒤꿈치는 허공에 떠 있고. 쿵 하는 소리와 순옥 울음소리에 놀라 후다닥 뛰쳐나오며 아무거나 꿴 게 어찌하여 꼭 그 슬리퍼였는지. 아이고오.

'이 차림으로 버스를 어떻게 탈 것이며, 이 차림으로 집까지?'

미칠 노릇. 동네 의원에서 병원으로 옮겨 갈 때 눈곱을 살짝 떼긴 했지만 이건 도무지. 안 될 말이었습니다. 머뭇머뭇. 병원 밖으로 나와 버스 정류장을 향해 걷다가 '안 되겠어. 택시비 달라고 해야겠다' 싶어 되돌아갔죠. 한데 응급실 앞에 웅크리고 앉은 순옥을 먼발치로 다시 보니 내 입이 떨어질 리 없겠더군요.

그냥 가야겠다 마음 다졌습니다. 굳게. '길거리 사람들은 알 거야. 저 친구 무슨 일 있었나 보네. 그것도 큰일. 아침나절에 어찌 저리 돌아다닐 수 있겠어'라고 다들 잘 알아줄 거라고 나는 믿었죠. 음. 고개 빳빳이 들었어요.

버스. 탔습니다. 빨리 사람 눈길로부터 벗어나는 게 좋겠지만 너무 잽싸면 되레 붙들리겠기에 천천히 버스 맨 뒤로 갔죠. 그리 갔는데. 천천히 그리 갔는데. 앉을 만한 자리는 하나도 없고, 맨 뒷자리에 앉아 있던 —내 또래 학생인 걸 한눈에 알아볼 수 있는—낯모를 친구가 눈동자를 조금 넓히나 싶더니 오른손으로 입을 가리고는 기어이… 웃더군요. 쿡. 쿡쿡. 나는 뭐, 괜찮았습니다. 버스 손잡이 잡은 오른팔로 얼굴을 조금 가렸다 싶은 게 그나마 좋아(?) 창밖만 봤으니까.

서너 정거장 만에 수유역. 이런. 제길. 아침 첫 수업 가는 덕성여대 친구들이 우르르. '하아, 내 이럴 줄 알았다니까.'

나는 뭐, 꿋꿋이 서 있었습니다. 창밖만 보며. 여기 쿡, 저기 쿡쿡했을 뿐 와자하진 않았거든요. 덕성여대 앞에서 그 친구들 우르르 내린 뒤 창밖 까르르 소리 들리고 맨 뒷자리도 함께 빌 때까지 시간이 얼마나 흘렀는지 나는 알지 못했죠. 다음 정거장에 내려 언덕바지 집까지는 또 어찌 걸어갔는지 이제는 기억이 흐릿합니다. 버스 안이 워낙 뜨거웠던 터라 그 뒤로 마주친 동네 사람 눈길이야 뭐, 아무것도 아니었던 거예요. 골목길로 접어들고 나서는 나도 자꾸 히죽히죽했고. 어이없고 재미있어서. 아하하하하하!

순옥의 어머니는 그날 일을 딛고 백 년 가까이 건강했습니다. 나는 사람 눈길 끝 손끝 앞에서 예사로울 줄 알게 됐고. 그날 헐벗은 채, 특히 여성용 통굽 슬리

퍼 끌고서 서울 미아동과 쌍문동 거리를 누볐는데 세상 부끄러울 게 있었겠습니까. 그 꼴로 덕성여대 학생 여럿에게 큰 웃음 주기도 했는데 세상 두려울 게 있을까요.

나는 사실 부끄러워하지 않아도 될 일이나 물건에 매인 날이 길었습니다. 특히 보따리. 보자기에 뭔가 싸 꾸린 뭉치. 어릴 적 어머니 아버지 집과 도시 사이를 오갈 때 손에 들곤 하는 보따리가 싫었어요. 쌀과 김치와 마른 반찬 든 보따리. 이것저것 묶어 꾸린 천 보자기 뭉치. 그것 든 손이 어찌나 부끄럽던지. 보따리는 '옛 시골 아낙이나 들던 것'으로 여겼기 때문이었죠. '옛 시골 아낙이나 머리에 이던 것'으로 보기도 했고. 그걸 든 나도 '옛 시골 아낙'에 지나지 않게 돼 누군가 보고 웃지 않을까 하는 걱정. 괜한 두려움. '시골'을 깔보고 '아낙네'를 업신여긴—어리고 못된—생각.

1980년 내 열두 번째 가을과 겨울 사이. 어느 일요일. 나는 김치로 한가득한 플라스틱 들통을 보자기로 감싼 짐을 들고 어머니 아버지 집을 떠나 도시로 가고 있었습니다. 산과 골짜기와 다른 산을 잇는 구불구불 울퉁불퉁 자갈밭 길이 버스를 와당탕와당탕 흔들었죠. 앉을 자리 없어 선 채로 왼쪽 오른쪽 관성과 아래 위 중력과 울렁출렁 멀미에 부대끼는데 갑자기 반찬 넘친 도시락 냄새가 나더군요. '에이, 참, 짜증나네. 버스 안에서 반찬 냄새 나면 멀미 심해져 토하는데.'

"이거, 누구 거여? 아, 김치 국물 흐르잖아요!"

냄새를 참다못한 한 아저씨의 짜증 섞인 목소리. 아차, 싶어 돌아보니 내 김치 들통 보따리가 쓰러진 채 빨간 물 한 줄기를 길게 늘어뜨려 놓았더군요. 나는 서둘러 들통을 일으켜 세웠되 바닥에 흐른 김치 국물 때문에 어찌할 바 몰라 허둥지둥. 낯 후끈 달아오르고. 바닥에 흐른 김치 국물 닦아 낼 뭔가를 찾으려 두리번두리번.

열두어 살 나우 돼 보이는 녀석이 허둥대니 안쓰러웠을까. 이러쿵저러쿵 말 덧댄 사람은 없었습니다. 버스 차장 누나도 아무 말 없이 자기 걸레로 바닥을 함께 닦아줬고. 오랫동안 내 가슴에 얹힌 보따리 상처였어요. 십 대 내내 "보따리 들기 싫다", "보자기는 촌스럽다"며 어머니께 투덜대기 일쑤였죠. 팔 년 뒤 헐벗은 채 서울 미아동과 쌍문동을 누빈 뒤에야 보따리 부끄러움 자국을 많이 덜어냈습니다.

이십 대 때 부끄러움을 '말끔히 다' 없앤 건 아니었어요. 삼사십 대로 들어선 뒤에도 아주 가끔 보따리로부터 달아나는 내 마음 꼬리가 눈에 밟혔죠. 가슴에 얹힌 아픔 같은 걸 깔끔히 지우기가 아무래도 어렵긴한 성싶습니다. 장바구니에서 어릴 적 보따리가 겹쳐보이기도 했으니까.

오십 대로 들어서 곰곰 짚어 보고 나서야 새삼 깨달았죠. 그동안 누구 하나 내 보따리를 가리키며 뭐라하지 않았다는 걸. 누구 하나 내 보따리를 두고 깔보거나 비웃지도 않았고. 지레 부끄러워 제 놈 혼자 북치고 장구 친 셈. 글쎄, 그게 사십 년 동안이나 제 거울 세워 둔 채 혼자 춤추며 부끄러웠다는 얘기 아니겠습니까. 우습게도.

"부끄럽게, 남자가 어디 장바구니를 드느냐"거나 부엌 간 남자 고추 타령은 이제 그만하시죠. 거, 들어줄 사람 아무도 없어요. 오로지 자기 귓전 회오리이자 마음속 울림일 뿐. 세상은 어깨 나란한 사람 삶으로 얼개 짓습니다.

걱정돼 한 말씀 더. 여러 사람 눈길 끝에서 부끄럽

지 않으려고—언제든 당당해 보겠다며—일부러 헐벗고 돌아다닐 것까진 없겠습니다. 내가 어쩔 수 없이 헐벗은 1988년 봄엔 사람 손에 휴대폰 같은 게 없었어요. 눈에 잘 띄어 터져 나온 여러 사람 웃음이 하늘 빈 곳으로 흩어졌을 뿐이죠. 지금은? 어디서나 두루 찍혀 인터넷에 박제될 겁니다. 하하하! 일부러 따라 하지 마세요.

참고문헌

〈가나다순으로〉

강남순, 백두리·허지영 그림, 〈안녕, 내 이름은 페미니즘이야〉, 동녘주니어, 2018.

강이수, 〈한국 근현대 여성노동〉, 문화과학사, 2011.

강준만, 〈오빠가 허락한 페미니즘〉, 인물과사상사, 2018.

게르드 브란튼베르그, 노옥재·엄연수·윤자영·이현정 옮김, 〈이갈리아의 딸들〉, 황금가지, 1996.

공지영, 〈즐거운 나의 집〉, 푸른숲, 2007.

권김현영, 〈다시는 그전으로 돌아가지 않을 것이다〉, 휴머니스트, 2019.

권순택·김세옥, 〈페미니스트입니다만, 아직 한드를 봅니다〉, 탐탐, 2020.

권인숙, 〈권인숙 선생님의 양성평등 이야기〉, 청년사, 2007.

김고연주, 〈나의 첫 젠더 수업〉, 창비, 2017.

김덕호, 〈세탁기의 배신〉, 뿌리와이파리, 2020.

김명희, 〈당신이 숭배하든 혐오하든〉, 낮은산, 2019.

김보성·김향수·안미선, 〈엄마의 탄생〉, 오월의봄, 2014.

김수진·오수길·이유진·이헌석·정용일·정희정·진상현, 〈기후변화의 유혹, 원자력〉, 도요새, 2011.

김영서, 〈눈물도 빛을 만나면 반짝인다〉, 이매진, 2012.

김은덕·백종민, 〈사랑한다면 왜〉, 어떤책, 2018.

김지은, 〈김지은입니다〉, 봄알람, 2020.

김진호·이찬수·김홍미리·박미숙, 〈우리 시대 혐오를 읽다〉, 철수와영희, 2019.

김하나·황선우, 〈여자 둘이 살고 있습니다〉, 위즈덤하우스, 2019.

김형경, 〈남자를 위하여〉, 창비, 2013.

김희진, 〈결혼을 묻다〉, 영림카디널, 2014.

노명우, 〈인생극장〉, 사계절출판사, 2018.

데이비드 드 로스차일드, 환경운동연합 옮김, 〈뜨거운 지구에서 살아남는 유쾌한 생활습관〉, 추수밭, 2008.

라문숙, 〈전업주부입니다만〉, 엔트리, 2018.

로빈 월쇼, 한국성폭력상담소 부설연구소 울림 옮김, 〈그것은 썸도 데이트도 섹스도 아니다〉, 미디어일다, 2015.

리베카 솔닛, 김명남 옮김, 〈남자들은 자꾸 나를 가르치려 든다〉, 창비, 2015.

리처드 도킨스, 이한음 옮김, 〈만들어진 신〉, 김영사, 2007.

마르타 브린, 제니 조달 그림, 한우리 옮김, 〈시스터즈〉, 한겨레출판, 2018.

마리아 미즈, 최재인 옮김, 〈가부장제와 자본주의〉, 갈무리, 2014.

마이크 버너스리, 노태복 옮김, 〈거의 모든 것의 탄소발자국〉, 도요새, 2011.

매기 앤드루스·재니스 로마스, 홍승원 옮김, 〈100가지 물건으로 다시 쓰는 여성 세계사〉, 웅진지식하우스, 2020.

미리내, 양지연 옮김, 〈보통이 아닌 날들〉, 사계절, 2019.

박김수진, 〈고기가 되고 싶어 태어난 동물은 없습니다〉, 씽크스마트, 2019.

박정훈, 〈친절하게 웃어주면 결혼까지 생각하는 남자들〉, 내인생의책, 2019.

박현욱, 〈아내가 결혼했다〉, 문이당, 2006.

박현희, 〈백설공주는 왜 자꾸 문을 열어 줄까〉, 뜨인돌, 2011.

벨 훅스, 이경아 옮김, 〈모두를 위한 페미니즘〉, 문학동네, 2017.

벨 훅스, 이순영 옮김, 〈남자다움이 만드는 이상한 거리감〉, 책담, 2017.

브랜지엔 데이비스, 캐스린 로스, 이한중 옮김, 〈지구형 인간〉, 갤리온, 2009.

빌 브라이슨, 이덕환 옮김, 〈거의 모든 것의 역사〉, 까치, 2003.

새로운세상을여는연구원, 〈분노의 숫자〉, 동녘, 2014.

손희정, 〈페미니즘 리부트〉, 나무연필, 2017.

송제숙, 황성원 옮김, 〈혼자 살아가기〉, 동녘, 2016.

수전 브라운밀러, 박소영 옮김, 〈우리의 의지에 반하여〉, 오월의
　　　봄, 2018.

수전 팔루디, 황성원 옮김, 〈백래시〉, 아르테, 2017.

수전 J 더글러스, 이은경 옮김, 〈배드 걸 굿 걸〉, 글항아리, 2016.

스테퍼니 스탈, 고빛샘 옮김, 〈빨래하는 페미니즘〉, 민음사, 2014.

스티브 비덜프, 박미낭 옮김, 〈남자, 다시 찾은 진실〉, 푸른길,
　　　2011.

시드라 레비 스톤, 백윤영미·이정규 옮김, 〈내 안의 가부장〉, 사우,
　　　2019.

신필균, 〈복지국가 스웨덴—국민의 집으로 가는 길〉, 후마니타스,
　　　2011.

씨에지에양, 김락준 옮김, 〈화학, 알아두면 사는 데 도움이 됩니
　　　다〉, 2019.

안녕하지못한사람들, 〈안녕들 하십니까?〉, 오월의봄, 2014.

안미선, 〈내 날개옷은 어디 갔지?〉, 철수와영희, 2009.

안미선, 〈여성, 목소리들〉, 오월의봄, 2014.

안치경 엮음, 〈한국 대표 고전 소설전〉, 번양사, 1993.

애너벨 크랩, 황금진 옮김, 〈아내 가뭄〉, 동양북스, 2016.

앨런 와이즈먼, 이한중 옮김, 〈인간 없는 세상〉, 랜덤하우스, 2007.

앨리스 아웃워터, 이충호 옮김, 〈물의 자연사〉, 예지, 2010.

야마우치 마리코, 황혜숙 옮김, 〈설거지 누가 할래〉, 웅진지식하우
　　스, 2018.

에리카 종, 이진 옮김, 〈비행공포〉, 비채, 2013.

에멀린 팽크허스트, 김진아·권승혁 옮김, 〈싸우는 여자가 이긴
　　다〉, 현실문화, 2016.

에밀리 브론테, 김종길 옮김, 〈폭풍의 언덕〉, 민음사, 2005.

에프북 편집부, 〈생활 세제—그동안 화학 세제를 너무 썼어!〉, for
　　books, 2014.

엘렌 스노틀랜드, 한국성폭력상담소 부설연구소 울림 옮김, 〈미녀,
　　야수에 맞서다〉, 사회평론, 2016.

연세대학교젠더연구소, 〈그런 남자는 없다〉, 오월의봄, 2017.

영주, 〈며느리 사표〉, 사이행성, 2018.

오윤성, 〈범죄는 나를 피해가지 않는다〉, 지금이책, 2017.

오찬호, 〈그 남자는 왜 이상해졌을까?〉, 동양북스, 2016.

우에노 지즈코, 나일등 옮김, 〈싱글, 행복하면 그만이다〉, 이덴슬
　　리벨, 2011.

우에노 지즈코, 미나시타 기류, 조승미 옮김, 〈비혼입니다만, 그게 어쨌다구요?!〉, 동녘, 2017.

우에노 지즈코, 이선이 옮김, 〈위안부를 둘러싼 기억의 정치학〉, 현실문화, 2014.

웬디 무어, 이진옥 옮김, 〈완벽한 아내 만들기〉, 글항아리, 2018.

이나가키 에미코, 김미형 옮김, 〈그리고 생활은 계속된다〉, 엘리, 2018.

이나가키 에미코, 김미형 옮김, 〈퇴사하겠습니다〉, 엘리, 2017.

이남희 비롯한 15명, 〈젠더와 사회〉, 동녘, 2014.

이민경, 〈우리에게도 계보가 있다〉, 봄알람, 2016.

이민경, 〈우리에겐 언어가 필요하다〉, 봄알람, 2017.

이은용, 〈나, 페미니즘하다〉, 씽크스마트, 2020.

이은용, 〈아들아 콘돔 쓰렴─아빠의 성과 페미니즘〉, 씽크스마트, 2018.

이은의, 〈삼성을 살다〉, 사회평론, 2011.

이은의, 〈예민해도 괜찮아〉, 북스코프, 2016.

이인, 〈성에 대한 얕지 않은 지식〉, 을유문화사, 2017.

이혜민, 〈요즘 것들의 사생활〉, 900km, 2018.

정아은, 〈당신이 집에서 논다는 거짓말〉, 천년의상상, 2020.

정희진·김고연주·박선영, 〈소녀, 설치고 말하고 생각하라〉, 우리학교, 2017.

정희진·전희경·정춘숙·강김아리·김효선·박이은경·정미례, 〈성폭력을 다시 쓴다〉, 한울, 2018.

정희진, 〈페미니즘의 도전〉, 교양인, 2017.

제인 오스틴, 윤지관·전승희 옮김, 〈오만과 편견〉, 민음사, 2003.

제임스 도슨, 스파이크 제럴 그림, 방미정 옮김, 〈소년이 된다는 것〉, 봄나무, 2017.

조남주, 〈82년생 김지영〉, 민음사, 2016.

조남주·최은영·김이설·최정화·손보미·구병모·김성중, 〈현남 오빠에게〉, 다산책방, 2017.

조주은, 〈기획된 가족〉, 서해문집, 2012.

조지 오웰, 이한중 옮김, 〈위건 부두로 가는 길〉, 한겨레출판, 2010.

존 스튜어트 밀, 서병훈 옮김, 〈여성의 종속〉, 책세상, 2006.

진 시노다 볼렌, 유승희 옮김, 〈우리 속에 있는 남신들〉, 또하나의문화, 2020.

채만식, 〈태평천하〉, 문학과지성사, 2005.

최명희, 〈혼불〉, 매안, 2014.

치승범, 〈저는 남자고, 페미니스트입니다〉, 생각의힘, 2018.

최윤아, 〈남편은 내가 집에서 논다고 말했다〉, 마음의숲, 2018.

최지은, 〈괜찮지 않습니다〉, 알에이치코리아, 2017.

최태섭, 〈한국, 남자〉, 은행나무, 2018.

최현숙, 〈할배의 탄생〉, 이매진, 2016.

치마만다 응고지 아디치에, 황가한 옮김, 〈엄마는 페미니스트〉, 민음사, 2017.

카트리네 마르살, 김희정 옮김, 〈잠깐 애덤 스미스 씨, 저녁은 누가 차려 줬어요?〉, 부키, 2017.

캐서린 메이어, 신동숙 옮김, 〈이퀄리아〉, 와이즈베리, 2018.

코델리아 파인, 한지원 옮김, 〈테스토스테론 렉스〉, 딜라일라북스, 2018.

토니 포터, 김영진 옮김, 〈맨박스〉, 2016.

토르디스 엘바·톰 스트레인저, 권가비 옮김, 〈용서의 나라〉, 책세상, 2017.

토마 마티외, 맹슬기 옮김, 〈악어 프로젝트〉, 푸른지식, 2016.

틸리 올슨 비롯한 9명, 모이라 데이비 엮음, 김하현 옮김, 〈이등 시민〉, 시대의창, 2019.

피우진, 〈여군은 초콜릿을 좋아하지 않는다〉, 삼인, 2006.

한강, 〈채식주의자〉, 창비, 2007.

한국여성민우회, 〈거리에 선 페미니즘〉, 궁리, 2016.

한무영·강창래, 〈빗물과 당신〉, 알마, 2011.

해나 디, 이나라 옮김, 〈무지개 속 적색〉, 책갈피, 2014.

헤일리 롱, 젬마 코렐 그림, 김민경 옮김, 〈소녀가 된다는 것〉, 봄나
    무, 2016.

홍승은, 〈당신이 계속 불편하면 좋겠습니다〉, 동녘, 2017.

홍승희, 〈붉은 선〉, 글항아리, 2017.

R. W. 코넬, 안상욱·현민 옮김, 〈남성성/들〉, 이매진, 2013.

4인용 테이블, 〈일하는 여자들〉, 북바이퍼블리, 2017.

스토리 인 시리즈

자신만의 가치, 행복, 여행, 일과 삶 등 소소한 일상에서 열정적인 당신에게
하루하루의 글쓰기, 마음에 저장해둔 여러분의 이야기와 함께합니다.
첫 원고부터 마지막까지, 생활출판 프로젝트 스토리인 시리즈